アガルートの
司法試験・予備試験
実況論文講義

行政法

アガルートアカデミー 編著

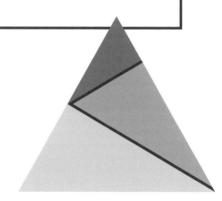

AGAROOT
ACADEMY

はしがき

　法学の論文式問題を正確に処理できるようになるためのプロセスは，概ね以下の通りです。

①　大学の授業や予備校の基礎講座・入門講座などで，基本的な法学の知識を身に着ける
　　　　↓
②　法学の論文式試験の問題の処理パターンを学ぶ
　　　　↓
③　②で学んだパターンを実践し，実際に答案を作成する
　　　　↓
④　②で学んだパターンを使いこなし，より難易度の高い応用問題にチャレンジする

　本書は，大学の授業や予備校の基礎講座・入門講座などで一通り基本的な法学の知識を身に着けた方（①のステップを修了した方）が，本格的な論文式問題にチャレンジするための橋渡しを目的としています。上記で言えば，②から③のステップです。
　したがって，本書に掲載されている問題は，司法試験のレベルには及びませんし，予備試験や法科大学院入試で出題されている問題（これらの問題は，④のステップで取り扱うべきものです。）よりも簡単なもの，典型論点の繋ぎ合わせだけで処理できる，いわゆる典型問題が多くなっています。
　しかし，このステップは，実は非常に重要です。基本がしっかりと身に着いていなければ応用問題を処理できるはずがありません。これは，何も法学の論文式試験に限ったことではなく，例えば，数学でも，公式を教わったら，その後に基本例題で実際にそれを使った解き方が解説され，練習問題で自分の手を動かしながら訓練するのだと思います。応用問題はその後にようやく登場するものです。
　まずは，典型問題を正しい思考方法にしたがって，しっかりと処理することができるようになることが重要です。

＊

論文式試験問題を解く際は，大きく分けて以下のプロセスをたどります。

【STEP 1】問題文を読み，そこで問題となっている条文・判例などを特定する（問題文解析）
【STEP 2】答案構成をする（答案構成）
【STEP 3】実際に答案を書く（答案作成）

本書では，この【STEP 1】～【STEP 3】の過程を丁寧に示しています。

中でも，【STEP 1】問題文解析に気を使って執筆しました。

法学の論文式試験を処理するに当たって学習者が苦労するのが，自分が身に着けた知識と目の前の問題を結び付ける作業です。

問題文に記載されているどの事実から必要な条文や判例の知識を引っ張り出せばよいのかが，なかなか分からないという方が多いようです。

【STEP 1】問題文解析が上手くできるようになるためには，法学の論文式試験全てに共通する「解き方」「書き方」を身に着けた上で，科目ごとの思考方法を知る必要があります。このうち，本書では，後者の方法論，すなわち，科目ごとの思考方法をお伝えします。

例えば，民法では，請求権パターン（当事者の請求→請求の法的根拠→要件→効果を順に特定すること），刑法では犯罪論体系（構成要件該当性→違法性→有責性の順に検討すること）など，科目ごとの思考方法があります。

これを身に着けることで，【STEP 1】問題文解析がスムーズにできるようになります。

本書では，まず，この思考方法に従って，問題文の事実から必要な判例や条文の知識を引っ張り出していく過程を明らかにしています。これが【STEP 1】問題文解析に相当する部分です。本書を読み進めることによって，筆者がどのようにして問題文を解析しているのかが分かり，自然と正しい思考方法が身に着くようにプログラムされています。

次に，【STEP 2】答案構成を示しています。答案構成は，【STEP 1】問題文解析で洗い出した知識を全て記載するのではなく，答案の流れを一読して理解することができるように，できる限りシンプルなものにしました。

最後に【STEP 3】答案作成に相当する部分として，解答例を示しています。【STEP 1】【STEP 2】を通じて答案に書くべきこと，その流れが分かったとしても，実際の答案では，なぜそのような表現になっているのか，なぜそのような分量で記載されているのかが分からなければ，学習効果が半減してしまいます。本書では，答案の欄外に，解答作成に当たっての留意点や表現方法の工夫等を記載していますので，適宜参照してください。

　また，本書では，問題ごとに予備試験合格者による手書きの問題文メモ，答案構成，解答例を掲載しています。予備試験合格者がどのように問題文を解析し，答案構成をし，答案を作成したのか，そのプロセスを学ぶことによって，合格レベルにある受験生の思考過程を知り，目標とすべき到達点を認識することができるようになります。

　筆者の作成した解説・答案構成・解答例で論文式試験問題の処理のための正しい思考過程を学び，予備試験合格者による参考答案等で目標とすべき到達点を確認してください。

　本書で科目ごとの思考方法を身に着けた後は，市販の問題集や予備校の講座等を用いて，問題演習を繰り返してください。本書にもある程度の問題数は掲載していますが，本書で身に着けた思考方法を自由自在に使いこなし，応用問題に耐え得るレベルにまで昇華させるためには，さらに練習を積む必要があります。

　典型論点を含む典型問題については，問題文を見た瞬間に解答が思い浮かぶレベルにまで訓練を積んでください。そうすることで，その部分については確実に得点をすること，司法試験などで問われる応用問題にじっくりと考えるだけの時間を確保することができるようになります。

　本書を用いて，多くの受験生が，論文式試験問題に対する正しい思考方法を身に着け，司法試験をはじめとする各種試験に合格されることを願って止みません。

2020（令和２）年６月

　　　　　　　　　　　　　　　　アガルートアカデミー

本書の利用方法

百選番号は，行政法判例百選〔第7版〕に準拠しています。

＊

　まずは，本書の巻頭に付属する問題集を使って，自分で問題文を解析し，答案構成をしてみてください。時間があれば，実際に答案を作成してみてもよいでしょう。

　次に，解いた問題の解説・答案構成・解答例を読みます。その際には，解説に記載されているような正しい思考方法で問題文を解析することができていたかどうかを必ず確認してください。問題文を読んで，解説に記載されている条文・判例を思い出すことができなかった場合，正しい思考方法が身に着いていない可能性があります。解説を読んで，どのような思考方法で問題を処理すべきだったのかを確認し，自分の弱点を認識するようにしてください。

＊

　以上のようなマクロな視点で思考方法を確認すると同時に，解説に記載されている判例や学説の知識があやふやな場合には，自分が用いているテキストや論証集に戻って理解を確認するようにしましょう。問題を解く過程において，知識や理解を確認することで，効率的な学習が可能になります。

＊

　できなかった問題には，付箋を貼るなどして，問題を忘れた頃にもう一度チャレンジするようにしましょう。記憶が新鮮なうちに解き直してみても，記憶に頼って解答してしまっている可能性があり，本当に正しい思考方法が身に着いているのか確認できません。

　解き直してみた時に，以前と同じ誤りを犯してしまっている場合には，正しい思考方法が身に着いていない証拠です。再度正しい思考方法を確認し，徹底するように意識してください。

＊

なお，解説と同じような思考方法をたどることができた時点で，その問題はクリアしたとみてよいでしょう。クリアした問題は，例えば判例の規範部分を正確に再現できなかったとしても，再度解き直してみる必要はありません。それは，論証等，個々のパーツの精度を上げれば解消できる問題であって，思考方法そのものは正しく身に着いているからです。思考方法が正しく身に着いていれば，何度解き直しても同じような解答を導き出すことができます。

本書の見方

第4問

①X１及びX２は夫婦であり，AはX２の姉の内縁の夫である。Aは，X１及びX２に無断で，自己所有の甲土地につき，平成21年6月10日，X１名義に所有権移転請求権保全の仮登記を，また，同じく自己所有の乙建物につき，平成25年11月13日，X２名義に所有権移転登記を経由した。その後，Aは，自己の債務を返済するため甲土地を売却することを思い立ち，平成26年2月2日，X１名義の仮登記を本登記に切り替え，乙建物をX２からX１に所有権移転の登記を経由したうえ，X ら作成名義の売買契約書等を偽造し，同年3月26日，甲土地を第三者に売り渡した。

②税務署長Ｙは，平成26年11月20日，X１につき甲土地売買による譲渡所得，X２につき建物のX１への譲渡による所得があったものとして課税処分を行い，さらに所定の手続を経てX１所有の甲土地を差し押さえる滞納処分を行った。

③平成29年9月11日，X１及びX２は，上記課税処分及び滞納処分を争いたいと考えたが，法定の出訴期間を徒過したため取消訴訟を提起することができなかったことから，上記課税処分が無効確認訴訟を提起した。

④この訴訟において，X１及びX２の請求が認められるか，論じなさい。なお，訴訟要件については検討しなくてよい。

■ 出題論点

・取り消し得べき行政行為と無効な行政行為との区別 ……………………… **A**

■ 問題処理のポイント

本問は，取り消し得べき行政行為と無効な行政行為〔…〕り，いわゆる重大明白説の理解を問う問題です。素〔…〕【百選I 83】です。

行政行為がどのような要件のもと無効になるのか〔…〕るのかという観点で本問に取り組んで頂くと頭が整〔…〕

32

> 冒頭の問題文には，○数字と下線を付しています。筆者がどのように問題文を解析しているかが分かり，自然と正しい思考方法が身に着くようになります。

> 問題となる出題論点の重要度を，重要度の高い順にＡ〜Ｃ*で表しています。論点ランクは，姉妹書『合格論証集』と同一です。

■ 答案作成の過程

1 本件課税処分の瑕疵

本問の中心的な論点は，行政行為の瑕疵が，取り消し得べきものなのか，無効なものであるかです。しかし，その前提としてそもそも行政行為に瑕疵が存在するのかを認定しておく必要があります。

②Ｙは，X１につき甲土地売買による譲渡所得，X２につき乙建物のX１への譲渡による所得があったものとして課税処分を行っています。

①しかし，甲土地及び乙建物の売買は，いずれも存在せず，AがX１及びX２に無断で行った登記簿上の操作にすぎないため，両名とも何らの所得を得ていません。

したがって，本件課税処分には，課税要件が存在しないという瑕疵があります。

2 行政行為が無効になる場合

③本問では取消訴訟の出訴期間が過ぎていますので，X１X２は課税処分の無効確認訴訟を提起しています。ただ，行政事件訴訟法では，いかなる場合に無効事由となるかは法定されていません。そこで，どのような場合に行政行為が無効となるかが問題となります。

まず，行政行為の効力を争う場合には，取消訴訟の排他的管轄があるため，取消訴訟による必要があります（公定力）。また出訴期間を過ぎたら取消訴訟を提起することはできません（不可争力）。

その趣旨は，行政目的の早期実現と行政関係の安定，円滑な行政運営の確保に求められます。

そうだとすれば，行政行為の無効が認められるのは，そのような行政目的の達成を否定してもなお，国民の権利救済の必要性が高い場合に限られるべきであるため，ⅰ瑕疵が重大であることが必要となります。また，第三者の信頼保護の観点から，ⅱ瑕疵が明白であること。すなわち処分の外形上客観的に誤認が認識できる場合であることも要件として必要です（外見上一見明白説）。

以上から，行政行為が無効となるのは，ⅰ瑕疵が重大であり，ⅱ瑕疵が明白である（処分の外形上客観的に誤認が認識できる）場合となります。

3 例外

もっとも，国民に不可争的な効果を負わせることが不当であり，また，第三者の信頼保護が問題とならないような場合にまで，ⅱ明白性を要求する必要はありません。

この点について素材判例は，「課税処分につき当然無効の場合を認めるとしても，このような処分については……出訴期間の制限を受けることなく，何までも

33

※論点ランクのＡ〜Ｃについて

Ａ：頻出の論点。規範と理由付け（2つ以上）をしっかりと押さえ，問題に応じて，長短自在に操れるようになるべき

Ｂ：Ａランクに比べれば，出題頻度が下がる論点。規範と理由付け1つを押さえておけば十分

Ｃ：時間がなければ飛ばしても良い

本書掲載の論点は，重要なものを厳選していますが，皆さんの可処分時間に応じて，ランクに基づいた柔軟な学習をしてください。

> 解説中，重要判例や結論部分には下線を付しています。

II
行政作用法 ▼ 第4問

> 答案構成は，答案の流れを一読して理解することができるように，できる限りシンプルなものにしました。

114

→論証

← ①要件について
← ②要件について
・条例制定行為は，原則として②の要件を満たさないことを説明
・例外的に処分性が認められる場合

> 解答例では，論証部分がひと目でわかるよう，網掛けを付しました。

> 解答例の右側には，解答作成に当たっての留意点や，表現方法の工夫等を記載しています。

←法的地位への直接的な影響

Ⅲ　行政救済法▼第12問

115

vii

目　次

I　行政法総論

II　行政作用法

Ⅲ　行政救済法

第1問

　確定申告は，納税者が確定申告書を税務署長に提出し，それが受理されることのみによって完了するものであり，受理後に調査の結果，誤った申告があった場合には，税務署長が更正をするという制度になっている。また，青色申告を受けると，租税優遇措置を受けることができる。

　Ａは，酒類販売業の免許を受けて，Ｂ商店という商号で酒類販売業を営んでいたが，平成20年に，実弟であるＸに経営を任せることにした。

　Ａは，青色申告の承認を受けており，Ｂ商店の事業所得をＡ名義により，青色申告してきた。Ｘが，平成20年度について，青色申告の承認を受けることなく自己の名義で青色申告書による確定申告をしたところ，税務署長Ｙは，Ｘにつき青色申告の承認があるかどうかの確認を怠り，上記申告書を受理し，さらに平成21年分から同24年分までの所得税についても，Ｘに青色申告用紙を送付し，Ｘの青色申告書による確定申告を受理するとともにその申告に係る所得税額を収納してきた。

　Ｘは，平成25年3月，Ｙから青色申告の承認申請がなかったことを指摘されるや直ちにその申請をし，同年分以降についてその承認を受けたが，Ｙは，平成23年及び24年の確定申告を租税優遇措置のない白色申告とみなして更正決定（以下「本件決定」という。）を行った。

　本件決定に不満のあるＸは，青色申告書を受理しておいて，本件決定をすることは，信義則に反すると主張し，本件決定の取消訴訟を提起した。取消訴訟でＸが主張することができる主張及びその当否について，検討しなさい。

【参照法令】
○　国税通則法（昭和37年4月2日法律第66号）（抜粋）
（期限内申告）
第17条　申告納税方式による国税の納税者は，国税に関する法律の定めるところにより，納税申告書を法定申告期限までに税務署長に提出しなければならない。
2　（略）
（更正）
第24条　税務署長は，納税申告書の提出があつた場合において，その納税申告書に記載された課税標準等又は税額等の計算が国税に関する法律の規定に従

つていなかつたとき，その他当該課税標準等又は税額等がその調査したところと異なるときは，その調査により，当該申告書に係る課税標準等又は税額等を更正する。

○　所得税法（昭和40年3月31日法律第33号）（抜粋）

（青色申告）

第143条　不動産所得，事業所得又は山林所得を生ずべき業務を行なう居住者は，納税地の所轄税務署長の承認を受けた場合には，確定申告書及び当該申告書に係る修正申告書を青色の申告書により提出することができる。

第2問

　XはY県が所有する公営住宅入居者募集に応じて応募し，抽選の結果，Y県の所有するY県営住宅甲（以下「甲」という。）の使用を公営住宅法及びY県営住宅条例に基づき許可され，家賃1か月5万円を毎月末日に支払うとの約定で賃貸された。

　その後，XはY県に無断で甲を増築した。増築部分は基礎にコンクリートを用いた堅固な建物であって原状回復が容易なものではなく，また，甲の保存に適したものではなかった。そこで，Y県は公営住宅法第27条第4項，第32条第1項第4号の明渡請求事由に該当するとして，甲の使用許可を取り消し，明渡しを求めた。

　これに対し，Xは，本件増築は子どもが生まれ成長したため，甲が手狭となり，やむを得ずしたものであって，信頼関係を破壊するとは認め難い特段の事情があると主張している。

　なお，公営住宅法及びY県営住宅条例は，入居者募集は公募の方法によるべきこと，入居者資格を低額所得者等に限定していること，入居者選考方法を一定の基準に従い公正な方法で選考すべきことを定めるなど，通常の私人間賃貸借で認められる入居者選択の自由を公営住宅事業主体には認めていない。一方，公営住宅事業主体と入居者との間の公営住宅使用関係については通常の私人間の家屋賃貸借関係と同様の用語を使用して関係を律している。

　以上を前提にY県の明渡請求の当否について，論ぜよ。

【参照法令】　公営住宅法（昭和26年6月4日法律第193号）（抜粋）

（入居者の保管義務等）

第27条

1〜3　（略）

4　公営住宅の入居者は，当該公営住宅を模様替えし，又は増築してはならな

い。ただし，事業主体の承認を得たときは，この限りでない。

5，6　（略）

（公営住宅の明渡し）

第32条　事業主体は，次の各号のいずれかに該当する場合においては，入居者に対して，公営住宅の明渡しを請求することができる。

　　一～三　（略）

　　四　入居者が第27条第1項から第5項までの規定に違反したとき。

　　五・六　（略）

2～6　（略）

第3問

　公務員であるXは，平成26年8月1日，懲戒免職処分を受けた。これに不服があるXは，懲戒免職処分の取消訴訟を提起することなく，以下の訴訟を提起したとする。Xの訴えは認められるかについて，論じなさい。

⑴　公務員としての地位の確認を求める訴訟

⑵　懲戒免職処分により生じた損害の賠償を求める国家賠償請求訴訟

第4問

　X1及びX2は夫婦であり，AはX2の姉の内縁の夫である。Aは，X1及びX2に無断で，自己所有の甲土地につき，平成21年6月10日，X1名義に所有権移転請求権保全の仮登記を，また，同じく自己所有で，甲土地上にある乙建物につき，平成25年11月13日，X2名義に所有権移転登記を経由した。その後，Aは，自己の債務を返済するため甲土地を売却することを思い立ち，平成26年2月2日，X1名義の仮登記を本登記に切り替え，乙建物をX2からX1に所有権移転の登記を経由したうえ，Xら作成名義の売買契約書等を偽造し，同年3月26日，甲土地を第三者に売り渡した。

　税務署長Yは，平成26年11月20日，X1につき甲土地売買による譲渡所得，X2につき乙建物のX1への譲渡による所得があったものとして課税処分を行い，さらに所定の手続を経てX1所有の土地を差し押さえる滞納処分を行った。

　平成29年9月11日，X1及びX2は，上記課税処分及び滞納処分を争いたいと考えたが，法定の出訴期間を徒過したため取消訴訟を提起することができなかったことから，上記課税処分の無効確認訴訟を提起した。

　この訴訟において，X1及びX2の請求が認められるか，論じなさい。なお，訴訟要件については検討しなくてよい。

第5問

　Y県では，建築物等における日照，通風，採光等を良好に保つとともに，当該建築物に火災等の災害が発生した場合における避難，消火及び救助活動を迅速かつ適切に行うため，建築基準法第43条第1項の接道義務の制限を付加するためのY県建築安全条例（以下「Y県条例」という。）を制定した。Y県条例第4条第1項は，建築基準法第43条を受けて，延べ面積が1000平方メートルを超える建築物の敷地は，その延べ面積に応じて所定の長さ（最低6メートル）以上道路に接しなければならないと定め，同条第3項で，建築物の周囲の空地の状況その他土地及び周囲の状況により知事が安全上支障がないと認める場合においては，同条第1項の規定は適用しないと定めている（以下，同条第3項の規定により安全上支障がないと認める処分を「安全認定」という。）。

　建築確認における接道要件充足の有無の判断と，安全認定における安全上の支障の有無の判断は，もともとは一体的に行われていたものであるが，接道要件充足の有無は客観的に判断することが可能な事柄であり，建築主事又は指定確認検査機関が判断するのに適している一方，安全上の支障の有無は，専門的な知見に基づく裁量により判断すべき事柄であり，知事が一元的に判断するのが適切であるとの見地により，判断機関が分離されたという経緯があるが，両者は避難又は通行の安全の確保という同一の目的を達成するために行われるものである。

　Aは，延べ面積が約1200平方メートルである建築物（以下「本件建築物」という。）の建築を計画していたところ，敷地が道路に接している距離が6メートルに満たなかったため，平成25年11月15日，Y県知事から安全認定（以下「本件安全認定」という。）を受けた上で，平成26年4月20日，建築主事から建築確認を受けた（以下「本件建築確認」という。）。

　Xは，本件建築物の建設予定地に隣接した土地に居住している者である。

　Xは，本件建築物の建築により，自己の生活上の安全が脅かされるおそれがあると考えたが，安全認定は，申請者以外の者に通知することは予定されておらず，建築確認があるまでは工事が行われることもないから，Aが建築基準法第89条第1項に従い，建築確認があった旨の表示を工事現場にするまで，本件建築物が建築されることに気が付かなかった。

　そこで，Xは，平成26年12月1日，本件建築確認の取消しを求める訴え（以下「本件取消訴訟」という。）を提起した。

　以上の事実を前提とし，Xは，本件取消訴訟において，本件安全認定の違法を主張することができるかについて，論じなさい。

　なお，本件取消訴訟が適法に提起されていることは前提としてよく，行政事件訴訟法第10条第1項が定める主張制限については考慮する必要がない。また，

法律と条例の関係についても触れる必要がない。

【参照法令】　建築基準法（昭和25年5月24日法律第201号）（抜粋）
（建築物の建築等に関する申請及び確認）
第6条　建築主は，第1号から第3号までに掲げる建築物を建築しようとする
　　場合（中略），又は第4号に掲げる建築物を建築しようとする場合においては，
　　当該工事に着手する前に，その計画が建築基準関係規定（この法律並びに
　　これに基づく命令及び条例の規定（括弧内略）その他建築物の敷地，構造又は
　　建築設備に関する法律並びにこれに基づく命令及び条例の規定で政令で定め
　　るものをいう。（中略））に適合するものであることについて，確認の申請書
　　を提出して建築主事の確認を受け，確認済証の交付を受けなければならない。
　　（以下略）
　　一～四　（略）
2～9　（略）
（敷地等と道路との関係）
第43条　建築物の敷地は，道路（括弧内略）に2メートル以上接しなければな
　　らない。
　　一, 二　（略）
2　（略）
3　地方公共団体は，次の各号のいずれかに該当する建築物について，その用
　　途，規模又は位置の特殊性により，第1項の規定によつては避難又は通行の
　　安全の目的を十分に達成することが困難であると認めるときは，条例で，そ
　　の敷地が接しなければならない道路の幅員，その敷地が道路に接する部分の
　　長さその他その敷地又は建築物と道路との関係に関して必要な制限を付加す
　　ることができる。
　　一　特殊建築物
　　二　階数が3以上である建築物
　　三　政令で定める窓その他の開口部を有しない居室を有する建築物
　　四　延べ面積（括弧内略）が1000平方メートルを超える建築物
　　五　その敷地が袋路状道路（括弧内略）にのみ接する建築物で，延べ面積が
　　　150平方メートルを超えるもの（括弧内略）
（工事現場における確認の表示等）
第89条　第6条第1項の建築，大規模の修繕又は大規模の模様替の工事の施工
　　者は，当該工事現場の見易い場所に，（中略）建築主，設計者，工事施工者
　　及び工事の現場管理者の氏名又は名称並びに当該工事に係る同項の確認があ
　　つた旨の表示をしなければならない。
2　（略）

第6問

　A社は，Y県がY県中央卸売市場内に所有している行政財産である土地約100㎡（以下「本件土地」という。）について，Y県から，平成18年４月１日から，使用料を１か月当たり10万円（相場の２分の１程度の価格である。），使用期間の定めなく，喫茶店事業を営むための建物を建築所有することを目的として，その使用を許可された（以下「本件使用許可」という。）。その後，A社は本件土地上に建物を建設し，自ら喫茶店の経営を行っていた。しかし，平成28年に至り，Y県内の他の市場が閉鎖したこと及びY県の特産品が全国的にクローズアップされたこと等の事情から，同市場への入荷が急激に増加し，市場として，自ら本件土地を使用する必要が生じた。

　そこで，Y県は，平成28年４月，A社に対して平成29年３月末日までで本件使用許可を取り消す旨を通告した。

　なお，地方自治法には行政財産の目的外使用許可の取消しに関する補償規定は設けられていない。また，本件使用許可に際して，補償に関し，特別の定めがなされたこともない。

〔設問〕
　1　仮に，地方自治法第238条の４第９項がなかった場合，Y県の本件使用許可の取消しは認められるか。
　2　A社は，平成29年３月に店舗を撤去し，本件土地を明け渡したが，本件使用許可に基づく使用権は私有財産であるから，使用許可の撤回はその剥奪であると主張して損失補償を請求した。A社の請求は認められるか。
　　　なお，設問１における許可の取消しは適法であることを前提としなさい。

【参照法令】
○　地方自治法（昭和22年４月17日法律第67号）(抜粋)
（行政財産の管理及び処分）
第238条の４
1～6　（略）
7　行政財産は，その用途又は目的を妨げない限度においてその使用を許可することができる。
8　（略）
9　第７項の規定により行政財産の使用を許可した場合において，公用若しくは公共用に供するため必要を生じたとき，又は許可の条件に違反する行為があると認めるときは，普通地方公共団体の長（中略）は，その許可を取り消すことができる。

○　国有財産法（昭和23年6月30日法律第73号）(抜粋)

（準用規定）

第19条　第21条から第25条まで（括弧内略）の規定は，（中略）同条第6項の
　　許可（注：地方自治法第238条の4第7項と同様の規定）により行政財産の
　　使用又は収益をさせる場合について準用する。

（貸付契約の解除）

第24条　普通財産を貸し付けた場合において，その貸付期間中に国又は公共団
　　体において公共用，公用又は公益事業の用に供するため必要を生じたときは，
　　当該財産を所管する各省各庁の長は，その契約を解除することができる。

2　前項の規定により契約を解除した場合においては，借受人は，これによつ
　　て生じた損失につき当該財産を所管する各省各庁の長に対し，その補償を求
　　めることができる。

第7問

　税関職員であるXは，労働組合の執行委員として，職員に対する懲戒処分に
対する抗議活動に際し罵声を浴びせる等して税関主事の退出を困難にし，また，
勤務時間内の職場集会に際して団結を促す演説をし，積極的にシュプレヒコー
ルを繰り返す等，指導的な役割を果たした（以下「本件行為」という。）。ただ
し，この職場集会は約30分で終了し，業務に具体的な支障は生じていなかった。
Xは過去にも同様の行為を繰り返し行っており，1年前にはそれを理由として
半年間の停職処分を受けていた。

　税関長であるYは，本件行為が，国家公務員法第98条第1項・第2項，第
101条第1項及び人事院規則に違反するとして，国家公務員法第82条第1項第
1号に基づき，Xを懲戒免職処分とした（以下「本件処分」という。）。

　そこで，Xは，本件処分の取消訴訟（行政事件訴訟法第3条第2項）を提起
した。

〔設問〕

　上記取消訴訟の本案において，Xは，仮に，国家公務員法が定める懲戒事
由が認められるとしても，本件処分は，懲戒権者に認められた裁量権の範囲
を逸脱又は濫用するものであって違法であると主張した。Xの主張は認めら
れるか。

【参照法令】　国家公務員法（昭和22年10月21日法律第120号）（抜粋）

（懲戒の場合）

第82条　職員が，次の各号のいずれかに該当する場合においては，これに対し懲戒処分として，免職，停職，減給又は戒告の処分をすることができる。
　　一　この法律若しくは国家公務員倫理法又はこれらの法律に基づく命令（括弧内略）に違反した場合
　　二・三　（略）
2　（略）
（法令及び上司の命令に従う義務並びに争議行為等の禁止）
第98条　職員は，その職務を遂行するについて，法令に従い，且つ，上司の職務上の命令に忠実に従わなければならない。
2　職員は，政府が代表する使用者としての公衆に対して同盟罷業，怠業その他の争議行為をなし，又は政府の活動能率を低下させる怠業的行為をしてはならない。又，何人も，このような違法な行為を企て，又はその遂行を共謀し，そそのかし，若しくはあおってはならない。
3　（略）
（職務に専念する義務）
第101条　職員は，法律又は命令の定める場合を除いては，その勤務時間及び職務上の注意力のすべてをその職責遂行のために用い，政府がなすべき責を有する職務にのみ従事しなければならない。（以下略）
2　（略）

第8問

　　X市は，パチンコ店の濫立に対する市民の反対運動を契機として，パチンコ店の建築を規制する条例を制定した（下記【参照法令】参照）。しかし，Yは，X市条例第3条の市長の同意を受けることなく，建築確認を受けて建築工事を着工したため，X市長は，同条例第8条に基づく建築中止命令を発したが，Yは，工事を続行している。
　　そこで，X市は，Yを被告として，建築工事の続行禁止を求める民事訴訟を提起した。
　　X市の提起した訴えの適法性について，論じなさい。

【参照法令】　X市条例（抜粋）
第3条　X市内で，パチンコ店に利用する建物を建築しようとする者は，あらかじめ市長の同意を得なければならない。
第8条　第3条に違反してパチンコ店に利用する建物を建築しようとする者に対して，市長は，建築中止，原状回復その他必要な措置をとることができる。

第9問

　Xは，S国に観光へ行こうと考え，法定の手続に従い，外務大臣に対して，S国を渡航先とする一般旅券の発給を申請したところ，外務大臣Yは，「旅券法第13条第1項第7号に該当する。」との理由を付した書面により，一般旅券を発給しない旨を通知した。

　これを不服とするXは，Yによる旅券の発給拒否処分の取消しを求める訴えを提起した。Xの請求は認められるかについて，論じなさい。

　なお，YがXの申請が旅券法第13条第1項第7号に該当するとした判断の違法性については触れる必要がない。

【参照法令】　旅券法（昭和26年11月28日法律第267号）（抜粋）
（一般旅券の発給等の制限）
第13条　外務大臣（中略）は，一般旅券の発給又は渡航先の追加を受けようとする者が次の各号のいずれかに該当する場合には，一般旅券の発給又は渡航先の追加をしないことができる。
　一～六　（略）
　七　前各号に掲げる者を除くほか，外務大臣において，著しく，かつ，直接に日本国の利益又は公安を害する行為を行うおそれがあると認めるに足りる相当の理由がある者
2　（略）
（一般旅券の発給をしない場合等の通知）
第14条　外務大臣又は領事官は，前条の規定に基づき一般旅券の発給若しくは渡航先の追加をしないと決定したとき（中略）は，速やかに，理由を付した書面をもつて一般旅券の発給又は渡航先の追加を申請した者にその旨を通知しなければならない。

第10問

　建築業者Xは，A市内において高層マンションの建設を予定していたため，A市建築主事Yに対し，建築基準法第6条第1項に定める建築確認申請を行った。

　建築確認申請を受けたYは，建築確認の要件は満たされると判断したが，Xに対し，以前から高層マンション建設に反対している周辺住民と話し合いをするように行政指導を行い，そのため建築確認を留保した。行政指導を受けたXはその指導に従って何度か話し合いを試みたが，周辺住民は高層マンションの建設には絶対反対であるとして話し合い自体に応じようとしなかった。話し合

いすら拒絶されたまま建築確認申請を行った日から4か月が経過し，建築確認を留保され続けることにより建設準備費用などが増大することを懸念したXは，建築審査会に対しYの不作為につき審査請求を行うに至った。

　　Yによる建築確認の留保は適法か。

【参照法令】　建築基準法（昭和25年5月24日法律第201号）（抜粋）
（建築物の建築等に関する申請及び確認）
第6条　建築主は，第1号から第3号までに掲げる建築物を建築しようとする場合（括弧内略），これらの建築物の大規模の修繕若しくは大規模の模様替をしようとする場合又は第4号に掲げる建築物を建築しようとする場合において，当該工事に着手する前に，その計画が建築基準関係規定（この法律並びにこれに基づく命令及び条例の規定（以下「建築基準法令の規定」という。）その他建築物の敷地，構造又は建築設備に関する法律並びにこれに基づく命令及び条例の規定で政令で定めるものをいう。以下同じ。）に適合するものであることについて，確認の申請書を提出して建築主事の確認を受け，確認済証の交付を受けなければならない。（以下略）
　　一〜四　（略）
2・3　（略）
4　建築主事は，第1項の申請書を受理した場合においては，同項第1号から第3号までに係るものにあつてはその受理した日から35日以内に，同項第4号に係るものにあつてはその受理した日から7日以内に，申請に係る建築物の計画が建築基準関係規定に適合するかどうかを審査し，審査の結果に基づいて建築基準関係規定に適合することを確認したときは，当該申請者に確認済証を交付しなければならない。
5〜9　（略）

第11問

　　法務省に勤務するXは，平成24年7月1日，受刑者に対して暴行を加えたという理由で，法務大臣から停職6月とする旨の懲戒処分（以下「本件懲戒処分」という。）を受けたが，これに納得がいかなかったことから，人事院に審査請求をした。

　　これに対して，人事院は，平成25年1月14日付けで，本件懲戒処分を6月間俸給月額10分の1の減給処分に修正する旨の判定（以下「本件修正裁決」という。）をした。

　　Xは，受刑者に対する暴行の事実自体を否認しており，本件修正裁決にも不

満をもっているため，取消訴訟を提起しようと考えている。

　国家公務員法（以下「法」という。）によれば，職員は，懲戒処分等，法89条1項所定の処分を受けたときは，人事院に対して審査請求をすることができ（法90条），人事院が審査請求を受理したときは，人事院又はその定める機関においてその事案を調査し（法91条），その調査の結果，処分を行うべき事由のあることが判明したときは，人事院は，その処分を承認し，又はその裁量により修正しなければならず（法92条1項），また，調査の結果，その職員に処分を受けるべき事由のないことが判明したときは，人事院は，その処分を取り消し，職員としての権利を回復するために必要で，かつ適切な処置をし，及びその職員がその処分によって受けた不当な処置を是正しなければならないものとされている（法92条2項）。

　以上の事案において，Xがいかなる取消訴訟を提起するべきであるかについて，検討しなさい。

【参照法令】　国家公務員法（昭和22年10月21日法律第120号）（抜粋）
（懲戒の場合）
第82条　職員が，次の各号のいずれかに該当する場合においては，これに対し懲戒処分として，免職，停職，減給又は戒告の処分をすることができる。
2　（略）
（審査請求）
第90条　前条第1項に規定する処分を受けた職員は，人事院に対してのみ審査請求をすることができる。
2，3　（略）
（調査）
第91条　第90条第1項に規定する審査請求を受理したときは，人事院又はその定める機関は，直ちにその事案を調査しなければならない。
2〜4　（略）
（調査の結果採るべき措置）
第92条　前条に規定する調査の結果，処分を行うべき事由のあることが判明したときは，人事院は，その処分を承認し，又はその裁量により修正しなければならない。
2　前条に規定する調査の結果，その職員に処分を受けるべき事由のないことが判明したときは，人事院は，その処分を取り消し，職員としての権利を回復するために必要で，且つ，適切な処置をなし，及びその職員がその処分によつて受けた不当な処置を是正しなければならない。人事院は，職員がその処分によつて失つた俸給の弁済を受けるように指示しなければならない。
3　（略）

第12問

　児童福祉法は，保護者の労働又は疾病等の事由により，児童の保育に欠けるところがある場合において，その児童の保護者から入所を希望する保育所等を記載した申込書を提出しての申込みがあったときは，希望児童の全てが入所すると適切な保育の実施が困難になるなどのやむを得ない事由がある場合に入所児童を選考することができること等を除けば，その児童を当該保育所において保育する義務を市町村に課している（平成24年8月22日法第67号による改正前の第24条第1項ないし第3項）。そして，保育所の利用関係は保育の実施期間を定めて設定されるのが通常であり，児童が特定の保育所に入所すれば，保育の実施の解除がされない限り，保育の実施期間が満了するまで継続する。

　Y市は，保育ニーズの柔軟化のためには，Y市の保有する保育所の一部を民営化させるのが適当であると判断し，平成25年12月10日，Y市保育所条例（以下「本件条例」という。）の一部を改正する条例（以下「本件改正」という。）を制定した。

　本件改正は，具体的には，本件条例の市立保育所の記載部分から，民営化の対象となるA保育所の名前を削除するというものである。平成26年4月1日，本件改正条例は施行され，A保育所は，社会福祉法人が運営する認可保育所として引き継がれた。なお，この引継ぎに関する具体的な手続等については，本件改正には，何らの規定もない。

　A保育所で保育を受けていた児童及びその保護者であるXら（いずれも保育所の利用に当たり，保育の実施期間を定めた者である。）は，本件改正は違法であるとし，本件改正を取り消す旨の取消訴訟を提起した（以下「本件訴訟」という。）。

　以上の事実を前提に，本件改正が「処分」（行政事件訴訟法第3条第2項）といえるのかについて，論じなさい。なお，公の施設である保育所を廃止するのは，市町村長の担任事務であるが（地方自治法第149条第7号），これについては条例をもって定めることが必要とされている（同法第244条の2）。

第13問

　A開発事業団は，B県内に試験研究用等原子炉（以下「本件原子炉」という。）を設置することを計画し，原子力規制委員会に原子炉設置許可申請をし，同委員会から許可を受けた。

　これに対して，設置予定の原子炉の周辺に居住しているXは，設置許可の取消しを求め，取消訴訟を提起した（以下「本件取消訴訟」という。）。

以上の事案を前提として，以下の各問いに答えなさい。

1　Xに原告適格は認められるか。

2　Xは，本件取消訴訟において，以下の主張をすることができるか。

⑴　本件原子炉は，平和の目的以外に利用されるおそれがあること

⑵　A開発事業団には，本件原子炉を設置するために必要な技術的能力が
ないこと

【参照法令】　核原料物質，核燃料物質及び原子炉の規制に関する法律（昭和32
年6月10日法律第166号）（抜粋）

（目的）

第1条　この法律は，原子力基本法（昭和30年法律第186号）の精神にのつとり，
核原料物質，核燃料物質及び原子炉の利用が平和の目的に限られることを確
保するとともに，原子力施設において重大な事故が生じた場合に放射性物質
が異常な水準で当該原子力施設を設置する工場又は事業所の外へ放出される
ことその他の核原料物質，核燃料物質及び原子炉による災害を防止し，及び
核燃料物質を防護して，公共の安全を図るために，製錬，加工，貯蔵，再処
理及び廃棄の事業並びに原子炉の設備及び運転等に関し，大規模な自然災害
及びテロリズムその他の犯罪行為の発生も想定した必要な規制を行うほか，
原子力の研究，開発及び利用に関する条約その他の国際約束を実施するため
に，国際規制物資の使用等に関する必要な規制を行い，もつて国民の生命，
健康及び財産の保護，環境の保全並びに我が国の安全保障に資することを目
的とする。

（設置の許可）

第23条　発電用原子炉以外の原子炉（以下「試験研究用等原子炉」という。）
を設置しようとする者は，政令で定めるところにより，原子力規制委員会の
許可を受けなければならない。

2　（略）

（許可の基準）

第24条　原子力規制委員会は，第23条第1項の許可の申請があつた場合におい
ては，その申請が次の各号のいずれにも適合していると認めるときでなけれ
ば，同項の許可をしてはならない。

一　試験研究用等原子炉が平和の目的以外に利用されるおそれがないこと。

二　その者（試験研究用等原子炉を船舶に設置する場合にあつては，その船
舶を建造する造船事業者を含む。）に試験研究用等原子炉を設置するため
に必要な技術的能力及び経理的基礎があり，かつ，試験研究用等原子炉の
運転を適確に遂行するに足りる技術的能力があること。

三　試験研究用等原子炉施設の位置，構造及び設備が核燃料物質（中略）若

しくは核燃料物質によつて汚染された物（中略）又は試験研究用等原子炉による災害の防止上支障がないものとして原子力規制委員会規則で定める基準に適合するものであること。

2　原子力規制委員会は，第23条第1項の許可をする場合においては，あらかじめ，前項第1号に規定する基準の適用について，原子力委員会の意見を聴かなければならない。

第14問

　以下の事例において，X1及びX2に（狭義の）訴えの利益が認められるかについて，X1及びX2の主張を踏まえつつ，論じなさい。

⑴　X1は，Y1市役所に勤務する公務員であったが，平成27年10月，Y1市長より，地方公務員法第29条第1項に基づく懲戒免職処分（以下「本件懲戒免職処分」という。）を受けた。これに不服のあるX1は，本件懲戒免職処分取消しの訴えを提起した（以下「本件訴訟1」という。）。訴訟係属中，X1は，Y1市議会議員に立候補して当選した。

　　X1は，違法な免職処分さえなければ公務員として有するはずであった給料請求権その他の権利，利益を回復するために，訴えの利益が認められると主張している。

⑵　Y2県内で飲食店を経営するX2は，提供した飲食物を摂取した利用客から食中毒の者が発生したこと（以下「本件事故」という。）を理由として，Y2県知事から，食品衛生法第55条第1項に基づく3か月間の営業停止処分を受けた（以下「本件処分」という。）。

　　X2は，本件事故は自らが提供した飲食物とは関係がない旨を主張して，本件処分の取消訴訟を提起した（以下「本件訴訟2」という。）が，本件訴訟2の第一審係属中に，3か月間の営業停止期間が経過した。

　　X2は，本件処分を受けたという事実により，損なわれたX2の名誉，感情，信用等の人格的利益を回復するために，訴えの利益が認められると主張している。

【参照法令】　公職選挙法（昭和25年4月15日法律第100号）（抜粋）
（公務員の立候補制限）
第89条　（前略）地方公共団体の公務員（中略）は，在職中，公職の候補者となることができない。（以下略）
2・3　（略）
（立候補のための公務員の退職）

第90条　前条の規定により公職の候補者となることができない公務員が，（中略）公職の候補者となつたときは，（中略）その届出の日に当該公務員たることを辞したものとみなす。

第15問

　Xは，行政機関の保有する情報の公開に関する法律（以下「情報公開法」という。）に基づき，行政文書の開示を求めたところ，行政庁であるYは，公共安全情報（情報公開法第5条第4号）に当たるとして，非開示決定をした。これに不服のあるXは，非開示決定の取消訴訟を提起したところ，Yは，訴訟係属中に，非開示理由として，審議検討等情報（同条第5号）に当たることを追加した。

　Yの理由の追加が許されるかについて，論じなさい。

【参照法令】　行政機関の保有する情報の公開に関する法律（平成11年5月14日法律第42号）（抜粋）
（行政文書の開示義務）
第5条　行政機関の長は，開示請求があったときは，開示請求に係る行政文書に次の各号に掲げる情報（以下「不開示情報」という。）のいずれかが記録されている場合を除き，開示請求者に対し，当該行政文書を開示しなければならない。
　一〜三　（略）
　四　公にすることにより，犯罪の予防，鎮圧又は捜査，公訴の維持，刑の執行その他の公共の安全と秩序の維持に支障を及ぼすおそれがあると行政機関の長が認めることにつき相当の理由がある情報
　五　国の機関，独立行政法人等，地方公共団体及び地方独立行政法人の内部又は相互間における審議，検討又は協議に関する情報であって，公にすることにより，率直な意見の交換若しくは意思決定の中立性が不当に損なわれるおそれ，不当に国民の間に混乱を生じさせるおそれ又は特定の者に不当に利益を与え若しくは不利益を及ぼすおそれがあるもの

第16問

　以下のX1及びX2の提起した訴えが認められるかについて，論じなさい。
⑴　厚生労働大臣Y1は，「健康保険法の規定による療養に要する費用の額の算定方法」を改正する旨の告示をし（以下「本件告示」という。），被保険者

の負担する保険料の値上げを実施した。これを不服とするAが，本件告示の取消しを求める訴えを提起したところ，裁判所はAの訴えを認容し，判決が確定した。その後，Y1は，本件告示を前提とする健康保険料の支払をX1に求めたところ，X1は，本件告示は既に取り消されているとして，本件告示によって増額した部分については，支払義務がないことの確認を求める訴えを提起した。

(2) X2は，法務大臣Y2に対して，行政機関の保有する情報の公開に関する法律（以下「情報公開法」という。）第3条に基づき，行政文書の開示を求めたところ，Y2は，情報公開法第5条第1号に該当することを理由とする不開示決定（以下「本件不開示決定1」という。）をした。そこで，X2は，本件不開示決定1の取消しを求める訴えを提起したところ，裁判所はX2の訴えを認容し，判決は確定した。

Y2は，行政事件訴訟法第33条第2項に基づき，改めてX2の開示請求を審理したが，今度は，情報公開法第5条第3号に該当するとして，不開示決定をした（以下「本件不開示決定2」という。）。

そこで，X2は，本件不開示決定2の取消しを求める訴えを提起した。

第17問

Y県A市には，日本の近代の港を特徴付ける5つの遺構がそろって現存する我が国唯一の港湾（以下「本件港湾」という。）が存在する。また，本件港湾付近には，歴史的建造物も多く存在する。これを受けて，Y県自然保護条例では，本件港湾の景観をできる限り維持するよう努める旨の規定がある。

A市は，本件港湾の一部の公有水面を埋め立てて，橋梁を設置して道路とし，また，駐車場，フェリー・小型船だまりふ頭用地等を整備することを計画し（以下「本件事業」という。），Y県知事に対し，公有水面埋立免許の出願をした。この計画では，免許を得てから3か月以内に，河岸や河川の堤防が流れによって崩壊するのを防いだり，あるいは海岸において波浪や高潮，津波によって地盤や堤防が浸食されるのを防ぐための護岸をコンクリートによって設置する工事に着工し，着工から6か月以内に完成させる予定である。そして，護岸が完成すれば，本件港湾の遺構の1つからの，あるいは逆に遺構を見ようとした場合の視界が遮られることになる。

これに対して，Y県知事は免許を与える予定である。

A市内に居住するXらは，本件事業が実行されると，景観利益が害されると主張し，Y県を被告とする公有水面埋立免許処分の差止訴訟を提起した。

Xらの訴えが適法であるかについて，論じなさい。なお，Xらに原告適格が

認められることは，前提としてよい。

第18問

　A県の住民であるXは，ある日，解体業者Bが，自宅の隣地である空き地（以下「本件現場」という。）に大量の産業廃棄物を不法投棄しているのを発見した。Xは，Bに対して，その場で説明を求めたが，取り合ってもらえなかった。Bが不法投棄をした産業廃棄物は，かなりの重量があるものが含まれており，万が一崩れ落ちてXや通行人等に衝突した場合には，重大な結果を招来する危険がある。

　そこで，Xは，A県に対して，除去命令を発してほしいと申し入れた。すると，A県知事であるYは，「調査の上，適切な対応をする。」と回答した。

　しかし，いつまで経っても，Yは何らの対応もしてくれず，その後，Xが，Yに対して，何度も除去命令を依頼しているが，その度に，Yは，「調査する。」という回答を繰り返している。

　Yは，本件現場に行き，大量の産業廃棄物が不法投棄されていることを確認するとともに，これを行った者がBであることも調査したが，合理的な理由なく，何らの対応もしていない。

〔設問〕

　Xが，Yに対して，とることができる行政事件訴訟法上の手段（仮の救済手段を除く。）について，論じなさい。なお，Bの行った不法投棄が，廃棄物の処理及び清掃に関する法律第19条の5第1項第1号に定める「産業廃棄物処理基準……に適合しない産業廃棄物の……処分」に当たること，及びXに原告適格が認められることは前提としてよい。

【参照法令】　廃棄物の処理及び清掃に関する法律（昭和45年12月25日法律第137号）（抜粋）

第19条の5　産業廃棄物処理基準（中略）に適合しない産業廃棄物の（中略）処分が行われた場合において，生活環境の保全上支障が生じ，又は生ずるおそれがあると認められるときは，都道府県知事（中略）は，必要な限度において，次に掲げる者（中略）に対し，期限を定めて，その支障の除去等の措置を講ずべきことを命ずることができる。

　一　当該（中略）処分を行つた者（後略）

　二～五　（略）

2　（略）

第19問

　　Y県の巡査であるAら３名は，パトカーに乗車してパトロール中，Bの運転
する自動車（以下「加害車両」という）が速度違反をしていると認め，同車の
追跡を開始した。加害車両は，一旦急速度で逃走したものの停車したため，パ
トカーも同車の進路を塞ぐように停止し，同車の車両番号を確認した。しかし，
Aが事情を聴取するためパトカーから下車して加害車両に歩み寄ったところ，
同車は突如Uターンして再び急加速して逃走を開始した。Aらは直ちにパト
カーの赤色灯をつけサイレンを吹鳴して再び追跡を開始し，同時に県内各署に
無線手配を行った。

　　Bは，追跡が続行されていることに気付き，再び時速約110キロメートルに
加速し，３か所の信号を無視して進行した。他方，Aらの乗車するパトカーは，
道路が片道一車線で右にカーブしており加害車両が見えなくなったため，赤色
灯は点灯したまま，サイレンの吹鳴を中止し，減速して進行した。その後，B
は，赤信号を無視して交差点に進入し，同交差点を青信号に従い進行中のC運
転車両に衝突し，そのため，C車両が青信号に従って進行してきたXらの乗る
対向車両に激突して，Xらは顔面挫傷，骨盤骨折，大腿骨折等の傷害を負った。

　　Xらは，Aらの追跡が違法であったとして，Yに対して国家賠償を請求した
いと考えているが，認められるか。

【参照法令】
○　警察法（昭和29年６月８日法律第162号）（抜粋）
（警察の責務）
第２条　警察は，個人の生命，身体及び財産の保護に任じ，犯罪の予防，鎮圧
　　及び捜査，被疑者の逮捕，交通の取締その他公共の安全と秩序の維持に当る
　　ことをもつてその責務とする。
２　（略）
（現行犯人に関する職権行使）
第65条　警察官は，いかなる地域においても，刑事訴訟法（括弧内略）第212
　　条に規定する現行犯人の逮捕に関しては，警察官としての職権を行うことが
　　できる。
○　警察官職務執行法（昭和23年７月12日法律第136号）（抜粋）
（質問）
第２条　警察官は，異常な挙動その他周囲の事情から合理的に判断して何らか
　　の犯罪を犯し，若しくは犯そうとしていると疑うに足りる相当な理由のある
　　者又は既に行われた犯罪について，若しくは犯罪が行われようとしているこ
　　とについて知つていると認められる者を停止させて質問することができる。

2〜4　（略）

第20問

　Aは，B県内でも2番目に交通量の多い道路である国道（以下「本件道路」という。）を自動車で走行中に，物損事故を起こした（以下「本件事故」という。）。本件事故により，Aの自動車は，車輪やハンドルが故障し，走行することができなくなったため，本件道路の中央付近に駐車させたまま，放置された。本件事故の約87時間後に本件道路を走行していたXは，本件道路上に放置されたAの自動車に衝突し，頭蓋骨骨折により即死した。

　なお，本件道路を管理する出張所には，パトロール車の配置がなく，出張所の職員が物件放置の有無等を含めて随時巡視するだけで，常時巡視はしておらず，同職員は，本件事故発生後，XがAの自動車に衝突するまで，本件事故が発生した事実に気付かず，故障した自動車が本件道路上に長時間放置されたままであった。

　以上の事案において，Xは，国に対して，国家賠償請求を求めることができるかについて，論じなさい。

I　行政法総論

　①確定申告は，納税者が確定申告書を税務署長に提出し，それが受理されることのみによって完了するものであり，受理後に調査の結果，誤った申告があった場合には，税務署長が更正をするという制度になっている。また，青色申告を受けると，租税優遇措置を受けることができる。

　②Aは，酒類販売業の免許を受けて，B商店という商号で酒類販売業を営んでいたが，平成20年に，実弟であるXに経営を任せることにした。

　③Aは，青色申告の承認を受けており，B商店の事業所得をA名義により，青色申告してきた。Xが，平成20年度について，青色申告の承認を受けることなく自己の名義で青色申告書による確定申告をしたところ，税務署長Yは，Xにつき青色申告の承認があるかどうかの確認を怠り，上記申告書を受理し，さらに平成21年分から同24年分までの所得税についても，Xに青色申告用紙を送付し，Xの青色申告書による確定申告を受理するとともにその申告に係る所得税額を収納してきた。

　④Xは，平成25年３月，Yから青色申告の承認申請がなかったことを指摘されるや直ちにその申請をし，同年分以降についてその承認を受けたが，Yは，平成23年及び24年の確定申告を租税優遇措置のない白色申告とみなして更正決定（以下「本件決定」という。）を行った。

　⑤本件決定に不満のあるXは，青色申告書を受理しておいて，本件決定をすることは，信義則に反すると主張し，本件決定の取消訴訟を提起した。取消訴訟でXが主張することができる主張及びその当否について，検討しなさい。

【参照法令】
〇　国税通則法（昭和37年４月２日法律第66号）（抜粋）
（期限内申告）
第17条　申告納税方式による国税の納税者は，国税に関する法律の定めるところにより，納税申告書を法定申告期限までに税務署長に提出しなければならない。
2　（略）
（更正）
第24条　税務署長は，納税申告書の提出があつた場合において，その納税申告書に記載された課税標準等又は税額等の計算が国税に関する法律の規定に従つていなかつたとき，その他当該課税標準等又は税額等がその調査したところと異なるときは，その調査により，当該申告書に係る課税標準等又は税額

等を更正する。

○ 所得税法（昭和40年3月31日法律第33号）（抜粋）
（青色申告）
第143条 不動産所得，事業所得又は山林所得を生ずべき業務を行なう居住者
は，納税地の所轄税務署長の承認を受けた場合には，確定申告書及び当該申
告書に係る修正申告書を青色の申告書により提出することができる。

■ 出題論点

・租税法律関係における信義則 ……………………………………………… **A**

■ 問題処理のポイント

　本問は，最判昭62.10.30【百選Ⅰ24】を素材とするものであり，租税関係にお
ける信義則の適用に関する問題です。素材判例では，所得税法上の解釈論について
も争われていますが，本問では，信義則適用の可否についての検討のみが求められ
ていますので，その点に絞った論述をする必要があります。

■ 答案作成の過程

1 問題状況の整理

　③本問でXは青色申告の承認を受けていませんので，Yが本件決定を行うこと
は，法的には何ら問題がありません（所得税法143条，国税通則法24条）。しかし，
Xが青色申告書による確定申告を続けていたのは，平成20年度について，YがX
による青色申告書による確定申告を受理し，平成21年分から同年24年分までの所
得税についても，YがXに青色申告用紙を送付し，Xによる青色申告書による確
定申告を受理し，その申告に係る所得税額を収納してきたからです。

　このような経過からXは，⑤本件決定をすることは信義則に反すると主張し，
本件決定の取消訴訟を提起しました。

　そのため，検討の対象は，本件決定が信義則に反するかです。

2 問題の所在

　この点を検討するにあたって問題となるのは，租税法律主義という形で法律に
よる行政の原理が厳格に要求されてきた租税法律関係に，法の一般原則である信
義則を適用することができるかという点です。

　なぜこの点が問題になるかというと，法令の規定の厳格な適用がされてきた分

野で，信義則の適用による救済を認めると，他の国民との関係で不平等や不公平が生じる可能性があるからです。

3 素材判例の判示

　この点について素材判例は，租税法規に適合する課税処分について，法の一般原理である信義則の法理の適用により右課税処分を違法なものとして取り消すことができる場合があるとしても，法律による行政の原理なかんずく租税法律主義の原則が貫かれるべき租税法律関係においては，右法理の適用については慎重でなければならず，租税法規の適用における納税者間の平等，公平という要請を犠牲にしてもなお当該課税処分に係る課税を免れしめて納税者の信頼を保護しなければ正義に反するといえるような特別の事情が存する場合に，初めて右法理の適用の是非を考えるべきものである。右特別の事情が存するかどうかの判断に当っては，ⅰ少なくとも，税務官庁が納税者に対し信頼の対象となる公的見解を表示したことにより，ⅱ納税者がその表示を信頼しその信頼に基づいて行動したところ，ⅲのちに右表示に反する課税処分が行われ，そのために納税者が経済的不利益を受けることになったものであるかどうか，ⅳまた，納税者が税務官庁の右表示を信頼しその信頼に基づいて行動したことについて納税者の責めに帰すべき事由がないかどうかという点の考慮は不可欠のものである……。」と判示し，租税法律関係に信義則が適用される可能性を認めた上で，その適用される場面を限定します。

4 あてはめ

1　ⅰⅱについて

　確かに税務署長Ｙは，Ｘにつき青色申告の承認があるかどうかの確認を怠り，上記申告書を受理し，さらに平成21年分から同24年分までの所得税についても，Ｘに青色申告用紙を送付し，Ｘの青色申告書による確定申告を受理するとともにその申告に係る所得税額を収納してきたという事実があります。そうすると，Ｘの信頼の対象となる公的見解が表示されていたともいえそうです。

　しかし，確定申告は，納税者が確定申告書を税務署長に提出し，それが受理されることのみによって完了するものであり，受理後に調査の結果，誤った申告があった場合には，税務署長が更正をすることができることからも明らかなように，税務署長による申告書の受理及び申告税額の収納は，当該申告書の申告内容を是認することを何ら意味するものではありません。

　そうだとすれば，青色申告書につき承認があるかの確認を怠り，これを受理していたとしても，これは青色申告書の提出を承認されたことを意味しないし，青色申告の用紙を当該納税者に送付したとしても，それをもって当該納税者が税務署長により青色申告書の提出を承認されたものと受け取ることもできません。

よって，本件では，青色申告の承認があったものとするなどの公的な見解をY
が示しているとはいえず，保護に値する信頼が生じていたとはいえないし，その
ためこれに対するXの信頼も生じないと考えることができます（ⅰⅱ不充足）。

2　ⅲについて

また，Xは，本件決定により，青色申告による特典を受けられないことになり
ますが，本件決定があったとしても，本来納付すべき税額の納付義務を負わされ
たにすぎず，そもそも不利益を被ったとはいえません（ⅲ不充足）。

3　ⅳについて

さらに，本件で税務署長が青色申告書を受理したのも，元々は，Xが青色申告
の承認を受けることなく，青色申告書による確定申告をしたことに起因するもの
であるから，Xに帰責事由がないとはいえません（ⅳ不充足）。

5 結論

よって，上記ⅰからⅳいずれも充足しませんので，本件決定が信義則に違反し
取り消されるべきであるとするXの主張は認められません。

なお，素材判例は，上記ⅰを充足しないことをもって信義則の適用がないと結
論づけていますが，差戻後控訴審である福岡高判昭63.5.31が，4要件へのあては
めをしています。

1　本件決定は，Xの信頼を害するものとして，信義則に違反し，違法である
　　　　↓
2　租税法律関係における信義則
　　　　↓
　　①課税庁が納税者に対し信頼の対象となる公的見解を表示すること
　　②納税者がその表示を信頼しその信頼に基づいた行動の存在
　　③上記表示に反する処分による納税者の経済的不利益
　　④納税者の責めに帰すべき事由がないこと
　の4つの要件が必要
　　　　↓
　あてはめ
　　　　↓
3　Xの主張は認められない

1　Xの主張は，Yによって今まで青色申告用紙が送付されて　　←Xの主張内容
いたにもかかわらず，それを覆し白色申請とみなして新たに
本件決定をしたことは，Xの信頼を害するものとして，法の
一般原則である信義則に違反し，違法であるから，取り消さ
れるべきであるというものである。
　　では，このような主張は認められるか。
2(1)　確かに，租税法規に適合する課税処分について，信義則　　←論証
の適用により当該課税処分が違法となる場合があることは
否定できない。
　　しかし，租税法律主義の原則（憲法84条）が貫かれるべ
き租税法律関係においては，一般原理である信義則の適用
について慎重でなければならず，租税法規の適用における
納税者間の平等，公平という要請を犠牲にしてもなお当該
課税処分に係る課税を免れさせて納税者の信頼を保護しな
ければ正義に反するといえるような特別の事情が存する場
合に初めて信義則の適用があるというべきである。
(2)　具体的には，①課税庁が納税者に対し信頼の対象となる
公的見解を表示し，②納税者がその表示を信頼しその信頼
に基づいて行動したところ，③後に上記表示に反する課税
処分が行われ，そのために納税者が経済的不利益を受ける
こととなり，④納税者が課税庁の表示を信頼しその信頼に
基づいて行動したことについて，納税者の責めに帰すべき

事由がない場合に限られる。
(3)ア　本件で，確かに税務署長Yは，Xにつき青色申告の承　　←あてはめ
認があるかどうかの確認を怠り，上記申告書を受理し，
さらに平成21年分から同24年分までの所得税についても，
Xに青色申告用紙を送付し，Xの青色申告書による確定
申告を受理するとともにその申告に係る所得税額を収納
してきたという事実がある。そうすると，Xの信頼の対
象となる公的見解が表示されていたともいえそうである。
　　しかし，確定申告は，納税者が確定申告書を税務署長
に提出し，それが受理されることのみによって完了する
ものであり，受理後に調査の結果，誤った申告があった
場合には，税務署長が更正をすることができることから
も明らかなように，税務署長による申告書の受理及び申
告税額の収納は，当該申告書の申告内容を是認すること
を何ら意味するものではない。
　　そうだとすれば，青色申告書につき承認があるかの確
認を怠り，これを受理していたとしても，これは青色申
告書の提出を承認されたことを意味しないし，青色申告
の用紙を当該納税者に送付したとしても，それをもって
当該納税者が税務署長により青色申告書の提出を承認さ
れたものと受け取ることもできないはずである。
　　よって，本件では，青色申告の承認があったものとす

るなどの公的な見解をＹが示しているとはいえず，保護
　に値する信頼が生じていたとはいえないし，そのためこ
　れに対するＸの信頼も生じない（①②不充足）。
　イ　また，Ｘは，本件決定により，青色申告による特典を
　　受けられないことになるが，本来納付すべき税額の納付
　　義務を負わされたにすぎず，そもそも不利益を被ったと
　　はいえない（③不充足）。
　ウ　さらに，本件で税務署長が青色申告書を受理したのも，
　　元々は，Ｘが青色申告の承認を受けることなく，青色申
　　告書による確定申告をしたことに起因するものであるか
　　ら，Ｘに帰責事由がないとはいえない（④不充足）。
３　よって，本件決定が信義則に違反し取り消されるべきであ　　←結論
　るとするＸの主張は認められない。

以　上

　確定申告は，納税者が確定申告書を税務署長に提出し，それが受理されることのみによって完了するものであり，受理後に調査の結果，誤った申告があった場合には，税務署長が更正をするという制度になっている。また，青色申告を受けると，租税優遇措置を受けることができる。

　Aは，酒類販売業の免許を受けて，B商店という商号で酒類販売業を営んでいたが，平成20年に，実弟であるXに経営を任せることにした。

　Aは，青色申告の承認を受けており，B商店の事業所得をA名義により，青色申告してきた。Xが，平成20年度について，青色申告の承認を受けることなく自己の名義で青色申告書による確定申告をしたところ，税務署長Yは，Xにつき青色申告の承認があるかどうかの確認を怠り，上記申告書を受理し，さらに平成21年分から同24年分までの所得税についても，Xに青色申告用紙を送付し，Xの青色申告書による確定申告を受理するとともにその申告に係る所得税額を収納してきた。

　Xは，平成25年3月，Yから青色申告の承認申請がなかったことを指摘されるや直ちにその申請をし，同年分以降についてその承認を受けたが，Yは，平成23年及び24年の確定申告を租税優遇措置のない白色申告とみなして更正決定（以下「本件決定」という。）を行った。

　本件決定に不満のあるXは，青色申告書を受理しておいて，本件決定をすることは，信義則に反すると主張し，本件決定の取消訴訟を提起した。取消訴訟でXが主張することができる主張及びその当否について，検討しなさい。

【参照法令】

○　国税通則法（昭和37年4月2日法律第66号）（抜粋）

（期限内申告）

第17条　申告納税方式による国税の納税者は，国税に関する法律の定めるところにより，納税申告書を法定申告期限までに税務署長に提出しなければならない。

2　（略）

（更正）

第24条　税務署長は，納税申告書の提出があつた場合において，その納税申告書に記載された課税標準等又は税額等の計算が国税に関する法律の規定に従つていなかつたとき，その他当該課税標準等又は税額等がその調査したところと異なるときは，その調査により，当該申告書に係る課税標準等又は税額等を更正する。

○　所得税法（昭和40年3月31日法律第33号）（抜粋）

（青色申告）

第143条　不動産所得，事業所得又は山林所得を生ずべき業務を行なう居住者は，納税地の所轄税務署長の承認を受けた場合には，確定申告書及び当該申告書に係る修正申告書を青色の申告書により提出することができる。

信義則に反するか？
↓
法律による行政
↓
しかし、信義則の適用
はある
↓
但し、租税法律主義
ゆえ 厳格

① 公的行為 ⟶ ✕
② ①を信頼して、行動 ⟶ ✕
③ 行動して、処分されたこと
によって重大な不利益 ⟶ ✕
④ 帰責性なし ⟶ ✕

1　本件決定が信義則に反するかを検討する。
　法律による行政の原理の下では、法律に従った処分が適法であることが大原則である。しかし、行政庁の先行行為によって、信頼し生じた信頼が裏切られる場合には、例外的に信義則違反として、上記処分を違法とする余地がある。
　本件決定は納税に関する処分であり、租税法律主義の下（憲法84条）、厳格に法律による行政の原理が妥当する領域の処分といえる。
　したがって、納税者間の平等、公正という要請を犠牲にしても尚、納税者の信頼を保護すべき特段の事情があって初めて信義則の適用が認められると解すべきである。

二　具体的には、①行政庁に納税者の信頼を生じさせる先行行為があり、②納税者がこれを信頼して行動したこと、③先行行為に反する処分をすることで、②について重大な不利益が生じたこと、④信頼につき納税者に帰責性がないこと、という要件を全て充足して初めて信義則違反が認められると解すべきである。

2　①について検討する。
　Xは内容に誤りのある青色申告書を受理し、平成21年分から同24年分まで、誤った確定申告に基づいて収納された所得税額について、更正することもなかった、ことが先行行為に該当すると主張する。
　しかし、誤った内容の申告を受理し、収納しれただけで信頼を生じさせる程の先行行為があったとは評価できない。よって①を充足しない。

3　②について検討する。
　当然であるが①が認められない以上、これに対する信頼も認められるはずがない。
　よって、②も充足しない。

4　③について検討する。
　Xは青色申告により、租税優遇措置を受けることができなくなっているが、この不利益は、納めるべき租税を納めなければならなくなること、というものであり、そもそも不利益と評価することはできない。
　よって③も充足しない。

5　④について検討する。
　そもそも、Xが誤った内容の確定申告をしたことに起因する以上、Xにより帰責性が認められ、④も充足しない。

6　以上より、本件決定は信義則に反しない。

以上.

第2問

①XはY県が所有する公営住宅入居者募集に応じて応募し，抽選の結果，Y県の所有するY県営住宅甲（以下「甲」という。）の使用を公営住宅法及びY県営住宅条例に基づき許可され，家賃1か月5万円を毎月末日に支払うとの約定で賃貸された。

②その後，XはY県に無断で甲を増築した。増築部分は基礎にコンクリートを用いた堅固な建物であって原状回復が容易なものではなく，また，甲の保存に適したものではなかった。そこで，Y県は公営住宅法第27条第4項，第32条第1項第4号の明渡請求事由に該当するとして，甲の使用許可を取り消し，明渡しを求めた。

③これに対し，Xは，本件増築は子どもが生まれ成長したため，甲が手狭となり，やむを得ずしたものであって，信頼関係を破壊するとは認め難い特段の事情があると主張している。

④なお，公営住宅法及びY県営住宅条例は，入居者募集は公募の方法によるべきこと，入居者資格を低額所得者等に限定していること，入居者選考方法を一定の基準に従い公正な方法で選考すべきことを定めるなど，通常の私人間賃貸借で認められる入居者選択の自由を公営住宅事業主体には認めていない。一方，公営住宅事業主体と入居者との間の公営住宅使用関係については通常の私人間の家屋賃貸借関係と同様の用語を使用して関係を律している。

⑤以上を前提にY県の明渡請求の当否について，論ぜよ。

【参照法令】　公営住宅法（昭和26年6月4日法律第193号）（抜粋）

（入居者の保管義務等）

第27条

1～3　（略）

4　公営住宅の入居者は，当該公営住宅を模様替えし，又は増築してはならない。ただし，事業主体の承認を得たときは，この限りでない。

5，6　（略）

（公営住宅の明渡し）

第32条　事業主体は，次の各号のいずれかに該当する場合においては，入居者に対して，公営住宅の明渡しを請求することができる。

　一～三　（略）

　四　入居者が第27条第1項から第5項までの規定に違反したとき。

　五・六　（略）

2～6　（略）

・公法私法二元論 ………………………………………………………………… B

　本問は，最判昭59.12.13【百選Ⅰ9】を素材とする問題です。公法私法二元論の問題は，論文で頻出というわけではありませんが，本問をつうじて問題の所在だけでも押さえておきましょう。

1 問題状況の整理

　本問では⑤Y県がXに対して甲の明渡を求めているのに対し，③Xは信頼関係を破壊するとは認めがたい特段の事情があるため，Y県による明渡請求は認められないと反論しています。

2 明渡事由の存在

　②本問でXは，Y県に無断で甲を増築していますが，この行為は公営住宅法27条4項に違反するものです。

　そのため，Y県としては同法32条1項4号を根拠に，甲の明渡しを求めることができそうです。

3 Xの反論

　これに対してXは，「本件増築は子どもが生まれ成長したため，甲が手狭となり，やむを得ずしたものであって，信頼関係を破壊するとは認め難い特段の事情がある」と主張しています。

　これは，XとY県の賃貸借契約に信頼関係破壊の法理の適用があることを前提に，信頼関係が未だ破壊されていないため，明渡事由があったとしても，明渡は認められないというものです。

4 Xの反論の当否

　1　Xの反論が認められるためには，ⅰ公営住宅法上の明渡請求に，信頼関係破壊の法理の適用があること，ⅱ信頼関係破壊の法理の適用があるとして，信頼関係を破壊するに足りない特段の事情があることが必要となります。

　2　ⅰについて

　　これは，公法私法二元論に関する問題です。

　　この点，公法関係と私法関係では適用される法原理が異なるとする見解があ

ります。

　この見解に立てば，公営住宅法上の明渡請求は公法関係ということができますので，司法関係に適用される信頼関係破壊の法理を適用する余地はないことになります。

　しかし，行政上の法律関係を，公法関係と私法関係に分ける実益はないため，現在では，公法関係と私法関係を区別せず，当該処分の性質・実体法規の趣旨・問題状況を考察して，私法規定の適用の有無を決すべきであると考えられています。

　この点を検討するにあたって着目すべきは，④公営住宅法及びY県営住宅条例が，通常の私人間賃貸借で認められる入居者選択の自由を公営住宅事業主体には認めていないが，公営住宅事業主体と入居者との間の公営住宅使用関係については通常の私人間の家屋賃貸借関係と同様の用語を使用して関係を律している点です。

　すなわち，入居者選択の自由がないこと（契約自由の原則が認められていないこと）を強調すれば，信頼関係破壊の法理の適用を否定する方向につながり，一度入居すると私人間の賃貸借契約と同様にその関係を規律していることを強調すれば，信頼関係破壊の法理の適用を肯定する方向につながります。

　この点について素材判例は，「公営住宅の使用関係については，公営住宅法及びこれに基づく条例が特別法として民法及び借家法に優先して適用されるが，法及び条例に特別の定めがない限り，原則として一般法である民法及び借家法の適用があり，その契約関係を規律するについては，信頼関係の法理の適用がある……」。「右法及び条例の規定によれば，事業主体は，公営住宅の入居者を決定するについては入居者を選択する自由を有しないものと解されるが，事業主体と入居者との間に公営住宅の使用関係が設定されたのちにおいては，両者の間には信頼関係を基礎とする法律関係が存するものというべきであるから，公営住宅の使用者が法の定める公営住宅の明渡請求事由に該当する行為をした場合であっても，賃貸人である事業主体との間の信頼関係を破壊するとは認め難い特段の事情があるときには，事業主体の長は，当該使用者に対し，その住宅の使用関係を取り消し，その明渡を請求することはできない……」として，信頼関係破壊の法理の適用を認めています。

　解答例では，信頼関係破壊の法理が適用されない方向の事情を紹介したうえで，素材判例と同様の理屈で，信頼関係破壊の法理の適用を認める書き方をしていますが，受験生としてはまず判例の立場を確実に押さえることを意識しましょう。

3　ⅱについて

　では信頼関係破壊の法理の適用があるとして，Xに「信頼関係を破壊するに足りない特段の事情」があるといえるでしょうか。

この点，本件増築は子どもが生まれ成長したため，甲が手狭となったためであるとはいえ，増築部分は基礎にコンクリートを用いた堅固な建物であって原状回復が容易なものではなく，また，甲の保存に適したものではなかったことからすれば，信頼関係を破壊すると認めるに足りない特段の事情があるということはできません。

4　したがって，Xの反論は認められません。

5 **結論**

　　以上のとおり，Xの反論は認められませんので，Y県の甲明渡請求は認められます。

■ 答案構成

第1　明渡請求事由の存在
　　公営住宅法27条4項＋同法32条1項4号
　　→明渡請求事由は存在する

第2　Xの反論の当否
　1　Xは信頼関係破壊の法理を主張する

　　公法私法の厳格な二元論は採れない

　　諸事情を総合考慮して私法規定の適用の適否を決すべきである

　2　信頼関係破壊の法理の適否

　3　あてはめ
　　↓
第3　結論
　　Y県は，Xに対し，明渡請求をすることができる

第1　明渡請求事由の存在

　　Xは，Y県に無断で甲を増築しており（以下，「本件増築」という。），公営住宅法27条4項に違反する。したがって，Y県は，Xに対し，同法32条1項4号により，明渡請求をすることができそうである。

第2　Xの反論の当否

1　もっとも，Xは，本件増築はやむを得ずしたものであって，信頼関係を破壊するとは認め難い特段の事情があると主張しているため，その主張の当否を検討する。

2(1)　Xの主張は，公営住宅法上の明渡請求に対して，信頼関係破壊の法理が適用されることを前提としているため，まず，その当否を検討する。

　　　この点について，公法関係と私法関係では適用される法原理が異なるとする見解がある。しかし，もはや行政上の法律関係を，公法関係と私法関係に分ける実益はない。そこで，公法関係と私法関係を区別せず，当該処分の性質・実体法規の趣旨・問題状況を考察して，私法関係における法理の適用の適否を決すべきである。

(2)ア　そもそも，賃貸借契約の解除における信頼関係破壊の法理は，賃貸借契約が継続的契約であることに鑑み，信頼関係を破壊されたと認められる特段の事由が存しない場合には，解除を制限するものである。

　　　そして，公営住宅法およびY県営住宅条例は，入居者募集は公募の方法によるべきこと，入居者資格を低額所得者等に限定していること，入居者選考方法を一定の基準に従い公正な方法で選考すべきことを定めている。これらの規定からすれば，Y県は入居者を自ら選択する自由が認められていないといえるため，民事実体法上の契約自由の原則の適用がなく，信頼関係破壊の法理を持ち込む前提を欠くとも思える。

　　イ　しかしながら，事業主体と入居者との間の法律関係は，基本的には私人間の家屋賃貸借関係と異なるところはなく，そのことは，公営住宅事業主体と入居者との間の公営住宅使用関係については通常の私人間の家屋賃貸借関係と同様の用語を使用して関係を律していることからも明らかである。

　　　また，たしかにY県には入居者を選択する自由はないが，事業主体と入居者との間に公営住宅の使用関係が設定されたのちにおいては，両者の間には信頼関係を基礎とする法律関係が存するというべきである。

　　ウ　したがって，公営住宅の使用関係については，公営住宅法及びY県営住宅条例が特別法として民法及び借地借家法に優先して適用されるが，法及び条例に特別の定めがない限り，原則として一般法である民法及び借地借家

◀ 論証
公法私法二元論

法の適用があり，信頼関係破壊の法理についても，その
　　　適用があると解すべきである。
　(3)　以上から，信頼関係を破壊するとは認め難い特段の事情
　　　があれば明渡請求することはできない。

3(1)　そこで，信頼関係を破壊するとは認め難い特段の事情の←信頼関係破壊の法理に関す
　　　有無を検討する。るあてはめ
　(2)　本件増築は子どもが生まれ成長したため，甲が手狭とな
　　　ったためであるとはいえ，増築部分は基礎にコンクリート
　　　を用いた堅固な建物であって原状回復が容易なものではな
　　　く，また，甲の保存に適したものではなかったことからす
　　　れば，信頼関係を破壊するとは認め難い特段の事情がある
　　　ということはできない。
　(3)　したがって，Xの主張は失当である。
第3　結論
　　　以上より，Y県は，Xに対し，明渡請求をすることができ
　　　る。

　　　　　　　　　　　　　　　　　　　　　　　以　上

18

　XはY県が所有する公営住宅入居者募集に応じて応募し、抽選の結果、Y県の所有するY県営住宅甲（以下「甲」という。）の使用を公営住宅法及びY県営住宅条例に基づき許可され、家賃1か月5万円を毎月末日に支払うとの約定で賃貸された。

　その後、XはY県に無断で甲を増築した。増築部分は基礎にコンクリートを用いた堅固な建物であって原状回復が容易なものではなく、また、甲の保存に適したものではなかった。〔破壊〕

そこで、Y県は公営住宅法第27条第4項、第32条第1項第4号の明渡請求事由に該当するとして、甲の使用許可を取り消し、明渡しを求めた。

　これに対し、Xは、本件増築は子どもが生まれ成長したため、甲が手狭となり、やむを得ずしたものであって、信頼関係を破壊するとは認め難い特段の事情があると主張している。〔非破壊〕

　なお、公営住宅法及びY県営住宅条例は、入居者募集は公募の方法によるべきこと、入居者資格を低額所得者等に限定していること、入居者選考方法を一定の基準に従い公正な方法で選考すべきことを定めるなど、→通常の私人間賃貸借で認められる入居者選択の自由を公営住宅事業主体には認めていない。また、公営住宅事業主体と入居者との間の公営住宅使用関係については通常の私人間の家屋賃貸借関係と同様の用語を使用して関係を律している。〔私法と異なる／私法と同じ〕

　以上を前提にY県の明渡請求の当否について、論ぜよ。

【参照法令】
○　公営住宅法（昭和26年6月4日法律第193号）（抜粋）
（入居者の保管義務等）
第27条
1〜3　（略）
4　公営住宅の入居者は、当該公営住宅を模様替えし、又は増築してはならない。ただし、事業主体の承認を得たときは、この限りでない。
5，6　（略）
（公営住宅の明渡し）
第32条　事業主体は、次の各号のいずれかに該当する場合においては、入居者に対して、公営住宅の明渡しを請求することができる。
　一〜三　（略）
　四　入居者が第27条第1項から第5項までの規定に違反したとき。
　五・六　（略）
2〜6　（略）

請求・主張構造説明
　→ 問題提起
　　　↓
論点：公法私法二元論
　　　↓批判
　　自説
　　　⇓
　（あてはめ）
　　　原・入居者選択の自由なし
　　　　↓しかし
　　　・同様の用語
　　　・性質同じ
　　　→ 私法と同じ
　　　　↓
論点：信頼関係破壊の法理
　　　　⇓
　　（あてはめ）
　　　　原・手狭
　　　　　↓しかし
　　　　・§27 Ⅰ
　　　　・コンクリート
　　　　→「特段の事情」なし。

1 Y県は、「公営住宅である甲の「入居者」たるX
が甲を「増築」した（公営住宅法（以下法令名省略。）
27条4項）として、甲の明渡しを求め32条1項
4号に基づき請求している。これに対してXは、自己に
「信頼関係を破壊するとは認め難い特段の事情」
があると主張しているが、これはいわゆる信頼関係
破壊の法理であり、民法上の賃貸借契約（民法
601条）について適用される法理である。本件の賃
貸借契約はY県の所有するY県営住宅である甲について
なされたものであり、公法上の契約であるから、公法上
の契約に民法私法の法理が適用されるかが問題と
なる。

2 この点、公法関係上の法律関係には公法の
法理を適用し、私法上の法律関係には私法の法
理のみを適用するという考え方、すなわち公法私法二
元論という考え方がある。しかし、公法上の法律関係
であっても、私法上の法律関係とその性質や当事者
の関係性が類似しているものもあり、一元的に考える
のは妥当ではない。

よって、公法上の法律関係であっても、その契約の性
質や当事者の関係性、契約の内容に照らして、私法上
の法律関係と同一に扱うべき場合には、私法法理を適

用されると考える。

3 本件の甲についての賃貸借契約については、確かに、入居
者の募集が、公営住宅法及びY県営住宅条例に基
づいて行われており、入居者を低額所得者の中から公
正な方法で選ぶこととして、通常の私人間賃貸借契約
で認められる入居者選択の自由が認められてい
ない。このことからすると、あくまでXとY県との関係
は私法上の賃貸借とは異なるとも思える。

しかし、事業公営住宅事業主体と入居者との間
の公営住宅使用関係については通常の私人間賃貸
借と同様の用語を用いているのであり、上記の違いを除
いては、入居者としては私人と賃貸借するのと特に大きな
異なる点がない。また、1度入居してしまえば、賃貸
借は甲の事業主体・入間の入居者間の信頼関係
に基づいて継続的に賃貸借が行われるのであって、こ
の点に特段私法上の賃貸借と異なる点はない。

以上から、本件の賃貸借契約と私法上の賃貸
借契約を特段別異に扱う必要性はなく、私法上
の契約と同一に扱うべきである。

よって、本件の賃貸借契約についても、Xは信頼関
係を破壊するとは認め難い特段の事情を主張する
ことができる。（破壊の法理）

4(1)では、Xの主張は認められるか。

(2) 既に上に述べている信頼関係破壊の法理とは、賃貸借契約が信頼関係に基づいて締結される継続的な契約であることから、用法遵守 賃借人が契約上遵守すべき義務に違反したとしても、「信頼関係を破壊するとは認め難い特段の事情」がある場合には、賃貸人は解除できないという法理である。Xにはこの「特段の事情」があるといえるかが問題となる。

(3) 本件では、確かにX夫子どもが生まれ成長しており、甲が手狭となったという事情はある。しかし、27条4項には明確に増築してはならないと規定されており、Xはこれを認識していたはずである。それにもかかわらず、XはY県に無断で増築し、また基礎や柱等基2増築部分は基礎にコンクリートを用いた堅固な建物であって原状回復が非 容易なものではなく、甲の保存に適したものではなかったのだから、手2増築の方法としても適切とは到底いえない。

　以上の事情からすると、Xには「信頼関係を破壊する率とは認め難い特段の事情」があるとはいえない。

第5 よって、Xの主張は認められず、Y県の明渡請求は認容される。

以上.

Ⅱ　行政作用法

①公務員であるXは，平成26年8月1日，懲戒免職処分を受けた。これに不服があるXは，懲戒免職処分の取消訴訟を提起することなく，以下の訴訟を提起したとする。Xの訴えは認められるかについて，論じなさい。

②(1)　公務員としての地位の確認を求める訴訟

③(2)　懲戒免職処分により生じた損害の賠償を求める国家賠償請求訴訟

■出題論点

・公定力の意義及び根拠 ･･ **A**

・取り消し得べき行政行為と無効な行政行為との区別 ････････････････ **A**

・国家賠償請求と公定力 ･･ **A**

■問題処理のポイント

　本問は公定力に関する実質的な1行問題です。そのため，公定力の意義から丁寧に説明を積み重ねる必要があります。その点で事例問題と書き方が異なりますので，その点を意識して取り組んでみて下さい。

　また公定力という概念は，他の論点の前提問題になることも多いため，本問をつうじて，しっかりと学習して頂ければと思います。

■答案作成の過程

1　小問(1)

1　問題の所在

　①公務員であるXは，平成26年8月1日，懲戒免職処分を受けましたが，それに不服があるため，②懲戒免職処分の取消訴訟を提起することなく，公務員としての地位の確認を求める訴訟を提起しています。

　このような訴えは，公定力に反するため認められないのではないでしょうか。

2　公定力

　公定力とは，行政行為が違法である場合であっても，無効である場合を除いて，取消権限のある者（行政行為をした行政庁，その上級行政庁，不服審査庁，裁判所）によって取り消されるまで，何人もその行為の効力を否定できないという効力です。

　その根拠については，行政行為をした行政庁自身が職権により取り消す場合な

どは別にして，私人が行政行為を取り消してもらいたいと思って裁判所に訴える場合には，取消訴訟制度によらなければならない（取消訴訟の排他的管轄）結果，反射的に生じるものであると考えられています（形式的根拠）。

また行政関係を安定させ，国民の信頼保護を図ることも公定力の根拠と考えられています（実質的根拠）。

もっとも，行政行為が無効である場合には，先にあげた取消訴訟の排他的管轄に服しませんので，公定力は発生しません。

なお，行政行為がどのような場合に無効になるかは，本書第4問の解説を参照して下さい。

3　小問(1)でXが提起しようとしている，公務員としての地位の確認を求める訴訟は，懲戒免職処分の効力を争うものであるため，取消訴訟を提起することなく，提起することは公定力に反し認められないのが原則です。

ただ，例外的に懲戒免職処分がそもそも無効である場合には，公定力が発生しないため，Xは上記訴えを提起することができます。

2　小問(2)

1　問題の所在

小問(2)でXは，③懲戒免職処分により生じた損害の賠償を求めるため，懲戒免職処分の取消訴訟を提起することなく，国家賠償請求訴訟を提起しようとしています。

小問(2)でも(1)と同様，上記訴訟が公定力に反するため，認められないのではないかが問題となります。

2　国家賠償と公定力

この点，国家賠償請求訴訟は行政行為の違法性を理由に金銭による賠償を求めるものにすぎず，行政行為の効果を争うものではないため，国家賠償請求訴訟は公定力とは無関係であると解されています。

そのため，行政行為によって私人が損害を受けた場合，直ちに国家賠償請求訴訟を提起することができます（最判昭36.4.21）。

3　したがって，小問(2)でもXが懲戒免職処分により生じた損害の賠償を求めるために国家賠償請求訴訟を提起することは認められます。

第1　小問(1)について

1　本件訴えは，行政処分の公定力に反しないか

↓

2　Ⅹの訴えは，公定力に反し，取消訴訟を提起した後でなければ認められないのが原則

↓

3　当該処分が無効である場合には，そもそも公定力は発生しない

第2　小問(2)について

1　公定力に反しないか

↓

2　国家賠償請求訴訟の提起は，行政行為の公定力と抵触しない

↓

3　Ⅹの訴えは公定力に違反せず，取消訴訟を提起しなくとも訴えは認められる

←問題の所在

第1　小問(1)

1　本件でXは，取消訴訟（行政事件訴訟法3条2項）により懲戒免職処分の効力を否定することなく，訴えを提起している。

もっとも，本件訴えは行政処分の公定力に反し，本件懲戒処分が違法なものであることを主張することができないのではないか。

2　公定力とは，行政行為が違法である場合であっても，無効である場合を除いて，取消権限のある者によって取り消されるまで，何人もその行為の効力を否定できないという効力をいい，その根拠は取消訴訟の排他的管轄に求められる。実質的には，行政関係を安定させ，国民の信頼保護を図るためのものである。

そして，本件懲戒免職処分は，Xの公務員としての地位を失わせる効果を有しており，公務員としての地位の確認を求める訴えは，懲戒免職処分の効果を争うものであるといえ，公定力に正面から抵触する。

よって，Xの訴えは，公定力に反し，取消訴訟を提起した後でなければ認められないのが原則である。

3　もっとも，当該処分が無効である場合には，そもそも公定力は発生せず，Xの訴えは認められることとなる。

そこで，どのような場合に，当該処分が無効となるのかが

問題となるところ，公定力（不可争力）が認められる根拠は，前述のように行政関係を安定させ，国民の信頼保護を図ることにある。

とすれば，公定力を否定するためには，①瑕疵が重大であり救済の必要性が高いことが必要となる。また，第三者の信頼保護の観点から，②瑕疵が明白であること，すなわち処分の外形上，客観的に誤認が認識できる場合であることも要件となる。

第2　小問(2)

1　本件でも，Xは取消訴訟により懲戒免職処分の効力を否定することなく，訴訟を提起している。上述のように当該処分が無効の場合にこれが認められるのは疑いないが，無効となるには至らない瑕疵があるにすぎない場合，Xの訴えは公定力に反し，認められないとも考えられる。

2　しかし，国家賠償請求訴訟は行政行為の違法性を理由に金銭による賠償を求めるものにすぎず，行政行為の効果を争うものではない。そうだとすれば，国家賠償請求における違法性は，行政行為の法的効果とは無関係である。

よって，国家賠償請求訴訟において違法性を争ったとしても，行政行為の公定力と抵触しない。行政行為によって私人が損害を受けた場合，抗告訴訟によって行政行為の効力を否定することなく，直ちに国家賠償請求訴訟を提起してよいと

27

解される。

3　したがって，Ｘの訴えは公定力に違反せず，当該処分に違法の瑕疵がある場合，取消訴訟を提起しなくとも訴えは認められる。

　以上より，国家賠償請求の要件を満たせば，Ｘの訴えは認められる。

以　上

公務員であるXは, 平成26年8月1日, 懲戒免職処分を受けた。これに不服があるXは, 懲戒免職処分の取消訴訟を提起することなく, 以下の訴訟を提起したとする。Xの訴えは認められるかについて, 論じなさい。

実質的

(1) 公務員としての地位の確認を求める訴訟 = 当事者訴訟(4後)

(2) 懲戒免職処分により生じた損害の賠償を求める国家賠償請求訴訟

前提：公定力, 取消訴訟の排他的管轄
　　について（定義, 意味説明）
　　　↓
(1)のあてはめ：効力争うから ✕
　　（無効の場合除く）

(2)のあてはめ：効力争わないから ○

第1 公定力について

　前提として、行政処分(行政事件訴訟法(以下法令名省略。)3条2項)は公定力を有する。すなわち、当該処分に重大かつ明白な瑕疵が存在するとして無効となる場合を除いては、当該処分は取消訴訟に(同項)によってしか取り消された場合にしかその効力を否定されないことになる(取消訴訟の排他的管轄)。

　よって、取消訴訟によることなく行政処分の効力を争うことはできない。

第2 (1)について

1　本問では、Xは自己に対する懲戒免職処分(以下「本件処分」という。)について不服とし、公務員としての地位の確認訴訟を提起している。これは、いわゆる実質的当事者訴訟(4条後段、「公法上の法律関係に関する確認の訴え」)にあたると考えられるが、このような訴えは第1に述べた公定力に反しないか。

2　公務員としての地位を確認するということは、その前提としてXに対する本件処分が無効(効力を否定される)要である必要がある。

　　Xは、本件処分の公定力によって、本件処分の取消訴訟によってしかその効力を争えないのだから、

(1)の訴えは二請求を認める訴えは公定力に反し認められない。

　もっとも、本件処分が無効である場合は、(1)の訴えは効力に反していないことになる。

第3 (2)について

1　本問では、Xは本件処分により生じた損害を国家賠償を請求している(国家賠償法1条1項)。この訴えも第2(1)と同様本件処分の公定力に反しないか。

2　国家賠償は、あくまで本件処分がなされたことを前提にその「違法」性に基づき損害賠償を求めるものであり、本件処分の効力をXが争うというものではない。

　よって、(2)の訴えは公定力に反しない。

以上.

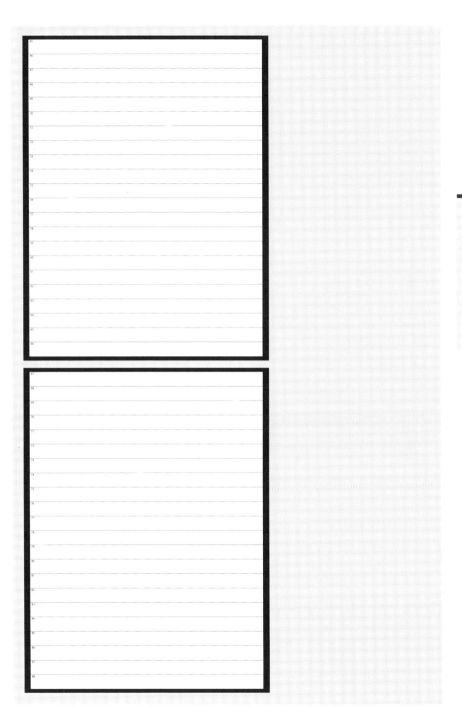

第4問

①X1及びX2は夫婦であり、AはX2の姉の内縁の夫である。Aは、X1及びX2に無断で、自己所有の甲土地につき、平成21年6月10日、X1名義に所有権移転請求権保全の仮登記を、また、同じく自己所有で、甲土地上にある乙建物につき、平成25年11月13日、X2名義に所有権移転登記を経由した。その後、Aは、自己の債務を返済するため甲土地を売却することを思い立ち、平成26年2月2日、X1名義の仮登記を本登記に切り替え、乙建物をX2からX1に所有権移転の登記を経由したうえ、Xら作成名義の売買契約書等を偽造し、同年3月26日、甲土地を第三者に売り渡した。

②税務署長Yは、平成26年11月20日、X1につき甲土地売買による譲渡所得、X2につき乙建物のX1への譲渡による所得があったものとして課税処分を行い、さらに所定の手続を経てX1所有の土地を差し押さえる滞納処分を行った。

③平成29年9月11日、X1及びX2は、上記課税処分及び滞納処分を争いたいと考えたが、法定の出訴期間を徒過したため取消訴訟を提起することができなかったことから、上記課税処分の無効確認訴訟を提起した。

④この訴訟において、X1及びX2の請求が認められるか、論じなさい。なお、訴訟要件については検討しなくてよい。

■ 出題論点

■ 問題処理のポイント

　本問は、取り消し得べき行政行為と無効な行政行為との区別についての問題であり、いわゆる重大明白説の理解を問う問題です。素材となる判例は最判昭48.4.26【百選Ⅰ83】です。

　行政行為がどのような要件のもと無効になるのか、またその要件は常に要求されるのかという観点で本問に取り組んで頂くと頭が整理されると思います。

1 本件課税処分の瑕疵

　本問の中心的な論点は，行政行為の瑕疵が，取り消し得べきものなのか，無効なものであるかです。しかし，その前提としてそもそも行政行為に瑕疵が存在するのかを認定しておく必要があります。

　②Ｙは，Ｘ１につき甲土地売買による譲渡所得，Ｘ２につき乙建物のＸ１への譲渡による所得があったものとして課税処分を行っています。

　①しかし，甲土地及び乙建物の売買は，いずれも存在せず，ＡがＸ１及びＸ２に無断で行った登記簿上の操作にすぎないため，両名とも何らの所得を得ていません。

　したがって，本件課税処分には，課税要件が存在しないという瑕疵があります。

2 行政行為が無効になる場合

　③本問では取消訴訟の出訴期間が過ぎていますので，Ｘ１Ｘ２は課税処分の無効確認訴訟を提起しています。ただ，行政事件訴訟法では，いかなる場合に無効事由となるかは法定されていません。そこで，どのような場合に行政行為が無効となるかが問題となります。

　まず，行政行為の効力を争う場合には，取消訴訟の排他的管轄があるため，取消訴訟による必要がありますし（公定力），また出訴期間を過ぎたら取消訴訟を提起することはできません（不可争力）。

　その趣旨は，行政目的の早期実現と行政関係の安定，円滑な行政運営の確保に求められます。

　そうだとすれば，行政行為の無効が認められるのは，そのような行政目的の達成を否定してもなお，国民の権利救済の必要性が高い場合に限られるべきであるため，ⅰ瑕疵が重大であることが必要となります。また，第三者の信頼保護の観点から，ⅱ瑕疵が明白であること，すなわち処分の外形上客観的に誤認が認識できる場合であることも要件として必要です（外見上一見明白説）。

　以上から，行政行為が無効となるのは，ⅰ瑕疵が重大であり，ⅱ瑕疵が明白である（処分の外形上客観的に誤認が認識できる）場合となります。

3 例外

　もっとも，国民に不可争的な効果を負わせることが不当であり，また，第三者の信頼保護が問題とならないような場合にまで，ⅱ明白性を要求する必要はありません。

　この点について素材判例は，「課税処分につき当然無効の場合を認めるとしても，このような処分については……出訴期間の制限を受けることなく，何時まで

でも争うことができることとなるわけであるから，更正についての期間の制限等を考慮すれば，かかる例外の場合を肯定するについて慎重でなければならないことは当然であるが，一般に，課税処分が課税庁と被課税者との間にのみ存するもので，処分の存在を信頼する第三者の保護を考慮する必要のないこと等を勘案すれば，当該処分における内容上の過誤が課税要件の根幹についてのそれであって，徴税行政の安定とその円滑な運営の要請を斟酌してもなお，不服申立期間の徒過による不可争的効果の発生を理由として被課税者に右処分による不利益を甘受させることが，著しく不当と認められるような例外的な事情のある場合には，前記の過誤による瑕疵は，当該処分を当然無効ならしめる……。」と判示し，一定の場合に明白性の要件が不要であるとします。

解答例では，素材判例の表現そのままではありませんが，(a)課税要件の根幹について過誤がある等，瑕疵が極めて重大で，(b)それにより被る被害が重大であり，(c)第三者の信頼保護にさしたる影響がない場合には，例外的にⅱ明白性の要件は不要であるという素材判例と同趣旨の規範を定立しています。

規範については，判例と全く同じである必要はなく，同趣旨のものが書けていれば試験的には問題ありません。

4 あてはめ

本問では，ⅰ本件課税処分の瑕疵は，課税処分の基礎となった譲渡所得の不存在であって，課税要件の根幹について瑕疵があることになりますので，瑕疵が重大であるといえます。

もっとも，ⅱＸ１及びＸ２が行ったとされる売買契約については，Ａによって現実に移転登記がなされています。そのため，売買契約が不存在であることは，外形上客観的に認識できるものとはいえません。そのため，本件課税処分を基礎付ける譲渡所得が不存在であることも外形上客観的に認識できるものではないため，課税処分の過誤が明白とはいえません。

そのため，本件課税処分は原則的には無効とならないのが原則です。

しかしながら，(a)先のとおり，本件課税処分の瑕疵は，課税要件の根幹について過誤がある等，瑕疵が極めて重大であり，(b)Ｘ１及びＸ２が全く不知の間にＡが行った登記操作によって突如として譲渡所得による課税処分を受けることは，Ｘ１及びＸ２にとって極めて酷であるため，それにより被る被害が重大であるといえます。

また，(c)一般に，課税処分が課税庁と被課税者との間にのみ存するもので，処分の存在を信頼する第三者の保護を考慮する必要のないことからすれば，本件は，第三者の信頼保護にさしたる影響がない場合ということができます。

以上より，本件では，例外的に明白性の要件が不要な場合といえます。

したがって，ⅰ瑕疵の重大性の要件を充足することで，無効事由が存在すると

いえます。

5 結論

よって，X1及びX2の請求は認められることになります。

■ **答案構成**

第1　本件課税処分の瑕疵について
　　　甲土地及び乙建物の売買は存在しない
　　　　↓
　　　本件課税処分には，課税要件が存在しない

第2　無効事由の有無について
　1　無効事由は法定されていない
　　　　↓
　2　重大明白説
　　　　↓
　　　(a)課税要件の根幹について過誤がある等，瑕疵が極めて重大で
　　　(b)それにより被る被害が重大であり
　　　(c)第三者の信頼保護にさしたる影響がない場合には
　　　例外的に明白性の要件は不要
　　　　↓
　3　あてはめ

第3　結論
　　　X1及びX2の請求は認められる

第1　本件課税処分の瑕疵について
1　Yは，X1につき甲土地売買による譲渡所得，X2につき
乙建物のX1への譲渡による所得があったものとして課税処
分を行っている。

←瑕疵の認定

　　しかし，甲土地及び乙建物の売買は，いずれも存在せず，
AがX1及びX2に無断で行った登記簿上の操作にすぎない
ため，両名とも何らの所得を得ていない。
2　したがって，本件課税処分には，課税要件が存在しないと
いう瑕疵がある。
第2　無効事由の有無について
1　上記瑕疵が無効事由となるか否かが問題となるところ，行
政事件訴訟法では，いかなる場合に無効事由となるかは法定
されていない（同法36条参照）。そこで，どのような場合に
行政行為が無効となるかが問題となる。

←論証

2(1)　公定力・不可争力の趣旨は，行政目的の早期実現，行政
関係の安定，円滑な行政運営の確保に求められる。そうだ
とすれば，行政行為の無効が認められるのは，そのような
行政目的の達成を否定してもなお，国民の権利救済の必要
性が高い場合に限られるべきであるから，①瑕疵が重大で
あることが必要となる。また，第三者の信頼保護の観点か
ら，②瑕疵が明白であること，すなわち処分の外形上客観
的に誤認が認識できる場合であることも要件となるのが原

←無効となる場合

則である。
(2)　もっとも，国民に不可争的な効果を負わせることが不当
であり，また，第三者の信頼保護が問題とならないような
場合にまで，②明白性を要求する必要はない。

←例外

　　そこで，(a)課税要件の根幹について過誤がある等，瑕疵
が極めて重大で，(b)それにより被る被害が重大であり，(c)
第三者の信頼保護にさしたる影響がない場合には，例外的
に②明白性の要件は不要であると解する。
3(1)　本問では，①本件課税処分の瑕疵は，課税処分の基礎と
なった譲渡所得の不存在であって，課税要件の根幹につい
て瑕疵があることになるから，瑕疵が重大であるといえる。

←あてはめ

　　もっとも，②X1及びX2が行ったとされる売買契約に
ついては，Aによって現実に移転登記がなされているから，
売買契約が不存在であることは，外形上客観的に認識でき
るものとはいえない。そのため，本件課税処分を基礎付け
る譲渡所得が不存在であることも外形上客観的に認識でき
るものではない。
　　したがって，課税処分の過誤が明白とはいえない。
(2)　しかしながら，(a)①でも述べたように，本件課税処分の
瑕疵は，課税要件の根幹について過誤がある等，瑕疵が極
めて重大であり，(b)X1及びX2が全く不知の間にAが行
った登記操作によって突如として譲渡所得による課税処分

を受けることは，Ｘ１及びＸ２にとって極めて酷であり，それにより被る被害が重大であるといえる。

　また，(c)一般に，課税処分が課税庁と被課税者との間にのみ存するもので，処分の存在を信頼する第三者の保護を考慮する必要のないことからすれば，本件は，第三者の信頼保護にさしたる影響がない場合ということができる。

(3)　以上より，本件では，例外的に明白性の要件が不要な場合といえ，無効事由が存在するといえる。

第３　結論

　よって，Ｘ１及びＸ２の請求は認められる。

以　上

X１及びX２は夫婦であり、AはX２の姉の内縁の夫である。Aは、X１及びX２に無断で、自己所有の甲土地につき、平成２１年６月１０日、X１名義に所有権移転請求権保全の仮登記を、また、同じく自己所有で、甲土地上にある乙建物につき、平成２５年１１月１３日、X２名義に所有権移転登記を経由した。その後、Aは、自己の債務を返済するため甲土地を売却することを思い立ち、平成２６年２月２日、X１名義の仮登記を本登記に切り替え、乙建物をX２からX１に所有権移転の登記を経由したうえ、Xら作成名義の売買契約書等を偽造し、同年３月２６日、甲土地を第三者に売り渡った。

税務署長Yは、平成２６年１１月２０日、X１につき甲土地売買による譲渡所得、X２につき乙建物のX１への譲渡による所得があったものとして課税処分を行い、さらに所定の手続を経てX１所有の土地を差し押さえる滞納処分を行った。

平成２９年９月１１日、X１及びX２は、上記課税処分及び滞納処分を争いたいと考えたが、法定の出訴期間を徒過したため取消訴訟を提起することができなかったことから、上記課税処分の無効確認訴訟を提起した。

この訴訟において、X１及びX２の請求が認められるか、論じなさい。なお、訴訟要件については検討しなくてよい。

甲：A ~~仮~~ ~~本~~ X１ → 第三者

乙：A → X２ → X１

論点：無効確認訴訟の要件
　　①重大 か
　　②明白 ＝ 外見上一見明白説
　　　＋
　　②-1　瑕疵極めて重大
　　②-2　誤害重大
　　②-3　行政目的・第三者害さない.
　　⇓
　　（あてはめ）
　　　①　○
　　　②　× → ②-1～3　○
　　　　　↓
　　　　無効.

1　本件では、X1及びX2は取消訴訟（行政事件訴訟法（以下法令名省略。）3条2項）の出訴期間（14条1項本文）を徒過したため、無効確認訴訟（36条）を提起しているが、YのX1及びX2に対する課税処分 ~~並びに滞納処分~~（以下「本件処分」という。）は無効といえるのか。

2　同法上、~~取消訴訟~~ 行政処分 に公定力が認められることで、取消訴訟によってしか当該処分の効力を争うことができないというのが原則とされており、さらに出訴期間を経過することによってもはや当該処分の効力を争えない不可争力が発生すると考えられている。この趣旨は、行政法上の目的を早期に実現し、実現された法律関係を安定させるという点にある。

　よって、例外的に出訴期間が経過しても処分の効力を争える、すなわち無効とされるのは、上記のような不可争力の趣旨に鑑みても、~~要請に照らしても~~ 救済の必要性が上回るほど①瑕疵が重大である場合に限られると考える。また、第三者保護の要請から、②瑕疵の存在が明白であること、すなわち外見上一見して明白に瑕疵の存在が分かることも必要であると考える。

　もっとも、あくまで②の要件は第三者保護の要請から生じるものであるから、~~主に~~国民に不可争力効果を負わせることが明らかに不当である場合にまで必要とするべ

きではないから、②-1瑕疵が極めて重大であり、②-2それによる被害も重大であり、他方、②-3行政目的や第三者の信頼保護の必要性が低い場合には、②の要件は不要である。

3　本件 ~~における~~ 処分は、X1の甲土地売買による譲渡所得及びX2の乙建物をX1に譲渡したことによる所得に対してなされたものであるが、そのいずれの譲渡についてもそもそも譲渡の事実が存在していないという瑕疵がある。よって、課税処分を行う理由自体が一切正当化されるものではなく、瑕疵 ~~は極めて~~ 重大といえる（①充足）。

　もっとも、いずれの譲渡についても、実際に譲渡に従った所有権移転登記の移転がなされていることからすると、 ~~上記のような~~ 譲渡の事実が不存在であるということが、外見上一見して明白であるとは到底いえない（②不充足）。

　とはいえ、このような瑕疵は極めて重大であることは上記の通りであり（②-1充足）、X1、X2は一切所得を得ていないにもかかわらず課税されるのであるからその財産に対する被害は重大である ~~（②-2充足）~~。 さらに、 ~~課税処分が無効~~ なされるべきでない課税処分が無効とされることは行政税法の適正な税金の徴収という目的にも沿い、課税処分の無効によって影響を受ける第三者はいない（②-3不充足）。

4　以上より、本件処分は~~いずれも~~無効であるといえるから、X1及びX2の請求は認められる。

以上.

①Y県では，建築物等における日照，通風，採光等を良好に保つとともに，当該建築物に火災等の災害が発生した場合における避難，消火及び救助活動を迅速かつ適切に行うため，建築基準法第43条第1項の接道義務の制限を付加するためのY県建築安全条例（以下「Y県条例」という。）を制定した。Y県条例第4条第1項は，建築基準法第43条を受けて，延べ面積が1000平方メートルを超える建築物の敷地は，その延べ面積に応じて所定の長さ（最低6メートル）以上道路に接しなければならないと定め，同条第3項で，建築物の周囲の空地の状況その他土地及び周囲の状況により知事が安全上支障がないと認める場合においては，同条第1項の規定は適用しないと定めている（以下，同条第3項の規定により安全上支障がないと認める処分を「安全認定」という。）。

②建築確認における接道要件充足の有無の判断と，安全認定における安全上の支障の有無の判断は，もともとは一体的に行われていたものであるが，接道要件充足の有無は客観的に判断することが可能な事柄であり，建築主事又は指定確認検査機関が判断するのに適している一方，安全上の支障の有無は，専門的な知見に基づく裁量により判断すべき事柄であり，知事が一元的に判断するのが適切であるとの見地により，判断機関が分離されたという経緯があるが，両者は避難又は通行の安全の確保という同一の目的を達成するために行われるものである。

③Aは，延べ面積が約1200平方メートルである建築物（以下「本件建築物」という。）の建築を計画していたところ，敷地が道路に接している距離が6メートルに満たなかったため，平成25年11月15日，Y県知事から安全認定（以下「本件安全認定」という。）を受けた上で，平成26年4月20日，建築主事から建築確認を受けた（以下「本件建築確認」という。）。

Xは，本件建築物の建設予定地に隣接した土地に居住している者である。

④Xは，本件建築物の建築により，自己の生活上の安全が脅かされるおそれがあると考えたが，安全認定は，申請者以外の者に通知することは予定されておらず，建築確認があるまでは工事が行われることもないから，Aが建築基準法第89条第1項に従い，建築確認があった旨の表示を工事現場にするまで，本件建築物が建築されることに気が付かなかった。

⑤そこで，Xは，平成26年12月1日，本件建築確認の取消しを求める訴え（以下「本件取消訴訟」という。）を提起した。

⑥以上の事実を前提とし，Xは，本件取消訴訟において，本件安全認定の違法を主張することができるかについて，論じなさい。

⑦なお，本件取消訴訟が適法に提起されていることは前提としてよく，行政事件訴訟法第10条第1項が定める主張制限については考慮する必要がない。また，法律と条例の関係についても触れる必要がない。

【参照法令】 建築基準法（昭和25年5月24日法律第201号）（抜粋）
（建築物の建築等に関する申請及び確認）
第6条　建築主は，第1号から第3号までに掲げる建築物を建築しようとする場合（中略），又は第4号に掲げる建築物を建築しようとする場合においては，当該工事に着手する前に，その計画が建築基準関係規定（この法律並びにこれに基づく命令及び条例の規定（括弧内略）その他建築物の敷地，構造又は建築設備に関する法律並びにこれに基づく命令及び条例の規定で政令で定めるものをいう。（中略））に適合するものであることについて，確認の申請書を提出して建築主事の確認を受け，確認済証の交付を受けなければならない。（以下略）
　一～四　（略）
2～9　（略）
（敷地等と道路との関係）
第43条　建築物の敷地は，道路（括弧内略）に2メートル以上接しなければならない。
　一，二　（略）
2　（略）
3　地方公共団体は，次の各号のいずれかに該当する建築物について，その用途，規模又は位置の特殊性により，第1項の規定によつては避難又は通行の安全の目的を十分に達成することが困難であると認めるときは，条例で，その敷地が接しなければならない道路の幅員，その敷地が道路に接する部分の長さその他その敷地又は建築物と道路との関係に関して必要な制限を付加することができる。
　一　特殊建築物
　二　階数が3以上である建築物
　三　政令で定める窓その他の開口部を有しない居室を有する建築物
　四　延べ面積（括弧内略）が1000平方メートルを超える建築物
　五　その敷地が袋路状道路（括弧内略）にのみ接する建築物で，延べ面積が150平方メートルを超えるもの（括弧内略）
（工事現場における確認の表示等）
第89条　第6条第1項の建築，大規模の修繕又は大規模の模様替の工事の施工

者は，当該工事現場の見易い場所に，（中略）建築主，設計者，工事施工者
及び工事の現場管理者の氏名又は名称並びに当該工事に係る同項の確認があ
つた旨の表示をしなければならない。

2 （略）

出題論点

・違法性の承継 ·· **A**

問題処理のポイント

　本問は，違法性の承継を認めた最判平21.12.17【百選Ⅰ84】を素材とする問題
です。

　違法性の承継は司法試験でも頻出の論点ですので，本問を素材として，論点の理
解及びその処理を確立して頂ければと思います。

　具体的には，先行処分が「処分」にあたるのであれば，後の処分の取消訴訟で，
先行処分の違法を主張することはできないという原則論と，素材判例の規範をしっ
かりと押さえて欲しいと思います。

答案作成の過程

1 建築基準法とY県条例の仕組み

　建築基準法43条1項によると，建築物の敷地は，道路に2メートル以上接して
いる必要があります。

　①建築基準法43条第1項の接道義務の制限を付加するために制定されたY県条
例の4条第1項は，延べ面積が1000平方メートルを超える建築物の敷地は，その
延べ面積に応じて所定の長さ（最低6メートル）以上道路に接しなければならな
いと定めています。

　そして，Y県条例4条3項は，安全認定を受けた場合はY県条例4条1項の規
定を適用しない旨を定めています。

　すなわち，Y県では原則として建築基準法43条1項の接道義務に付加してY県
条例4条1項の接道義務が存在するが，Y県条例4条3項の安全認定を受けた場
合はY県条例4条1項の義務が解除され，建築基準法所定の接道義務のみが課さ
れるということになります。

2 原則論

　⑤本問でXは，本件建築確認を取消すべく，本件取消訴訟を提起しており，そ

の中で本件安全認定の違法を主張しようとしています。

　まず，本件安全認定は，Ｙ県知事の一方的な判断に基づき，条例上の接道義務の付加を解除するものです。

　そのため，本件安全認定は，公権力の主体たる国又は公共団体が行う行為のうち，その行為によって，直接国民の権利義務を形成し，又はその範囲を確定することが法律上認められているもの，すなわち「処分」（行政事件訴訟法３条２項）に該当します。

　そして，行政処分には公定力が認められ，取消訴訟の排他的管轄に服しますので，取消訴訟によって，本件安全認定の効力を失わせた後でなければ，同処分の違法性を後行訴訟たる本件取消訴訟で主張することはできないのが原則です。

　この点，本件安全認定については既に取消訴訟の出訴期間が経過している（14条２項）以上，同処分の取消訴訟を提起することはできません。

３　違法性の承継

　では，先行処分たる安全認定の違法性が後行処分たる建築確認に承継していることを理由として，先行処分の違法性を主張することはできないでしょうか。

　この点，伝統的には，違法性の承継が認められる場合を先行処分と後行処分とが相結合して一つの効果の実現を目指し，これを完成するものである場合には違法性の承継を認めると考えられていました（実体法的観点）。一方，最近の学説の中には，先行処分に対する争訟手段が不十分な場合には，違法性の承継を認める必要性が高いという指摘もありました（手続法的観点）。

　素材判例は，安全認定と建築確認は，「もともとは一体的に行われていたものであり，避難又は通行の安全の確保という同一の目的を達成するために行われるものである。」（実体法的観点），「安全認定について，その適否を争うための手続的保障がこれを争おうとする者に十分に与えられているというのは困難である。」（手続法的観点）として，上記両面の理由付けにより，違法性の承継を認めました。

　そのため，解答例では，素材判例を参考に，ⅰ両者が１つの目的・効果の実現を目指す一連の手続を構成していると評価できるかという実体法的側面，及びⅱ先行行為の適否を争うための手続的保障が制度上十分であるかといった手続法的側面の両面から考察し，後続行為の取消訴訟において，先行行為の違法性を取消事由として主張させることが相当である場合には，違法性の承継を認めるべきであるという規範を定立しています。

４　あてはめ

1　ⅰについて

　②本件では，建築確認における接道要件充足の有無の判断と，安全認定における安全上の支障の有無の判断は，その判断の容易性の違いから，判断機関が分離

44

されているという事情があります。そうだとすれば，両処分は一連の手続を構成
しているとはいえないともいえます。

　しかし，両者はもともと一体的に行われていたものであるし，両処分が避難又
は通行の安全の確保という同一の目的を達成するために行われるものであること
は変わりありません。

　また，安全認定は，Y県条例4条1項所定の接道要件を満たしていない建築物
の計画について，同項を適用しないこととし，建築主に対し，建築確認申請手続
において同項所定の接道義務の違反がないものとして扱われるという地位を与え
るものであり，建築確認と結合して初めてその効果を発揮するものです。

　したがって，ⅰ両者が1つの目的・効果の実現を目指す一連の手続を構成して
いると評価することができます。

2　ⅱについて

　④さらに，安全認定は，申請者以外の者に通知することは予定されておらず，
建築確認があるまでは工事が行われることもないから，建築基準法89条1項に従
い，施工者が建築確認があった旨の表示を工事現場にするまで，本件建築物の建
築に気が付くことは困難といえます。

　そのため，事前に安全認定について争う機会は与えられていなかったといえま
す。

　したがって，ⅱ先行行為の適否を争うための手続的保障が制度上十分であると
はいえません。

3　以上より，本件建築確認の取消訴訟において本件安全認定の違法性を主張する
ことができます。

1　本件安全認定は「処分」(行訴3Ⅱ)に当たる

　　　　↓

　　本件取消訴訟において，本件安全認定の違法性を主張することは公定力に反すると思える

　　　　↓

　　本件安全認定が無効であれば，公定力は生じないから，本件安全認定の違法性を主張することができる

　　　　↓

2　先行処分に取り消し得る瑕疵があるにとどまる場合はどうか

　　　　↓

　　違法性の承継

　　　　↓

　　①両者が一連の手続を構成していると評価できるかという実体法的側面
　　②先行行為の適否を争うための手続的保障が十分であるかといった手続法的側面から判断

　　　　↓

　　あてはめ

　　　　↓

3　Xは本件取消訴訟において本件安全認定の違法性を主張することができる

1(1) まず，本件安全認定は，Y県知事の一方的な判断に基づき，条例上の接道義務の付加を解除するものであるから，公権力の主体たる国又は公共団体が行う行為のうち，その行為によって，直接国民の権利義務を形成し，又はその範囲を確定することが法律上認められているもの，すなわち「処分」（行政事件訴訟法（以下，法令名省略。）3条2項）に該当する。

　　　そして，行政処分には公定力が認められ，取消訴訟の排他的管轄に服する結果，同訴訟により本件安全認定の効力を失わせた後でなければ，同処分の違法性を後行訴訟たる本件取消訴訟で主張することはできないのが原則である。

　　　本問では，本件安全認定については既に取消訴訟の出訴期間が経過している（14条2項）以上，同処分の違法を主張することはできないのが原則である。

(2) もっとも，先行処分である本件安全認定に無効の瑕疵がある場合，後行処分である本件建築確認も当然に無効となる。

　　　なぜなら，先行処分が無効であれば，公定力・不可争力は認められないから，その効力の無効を前提として後行処分の効力を考えることになるからである。

　　　よって，この場合は，本件取消訴訟において，本件安全認定の違法を主張することができる。

2(1) では，先行処分に取り消し得る瑕疵があるにとどまる場合はどうか。具体的には，先行処分たる安全認定の違法性が後行処分たる建築確認に承継していることを理由として，先行処分の違法性を主張することはできないか。

(2) 上記のように取消訴訟の排他的管轄が及び，出訴期間の経過によって不可争的な効果が生じている場合，先行行為の違法性を，後行行為を争う取消訴訟において主張することは原則として許されない。

　　　もっとも，①両者が1つの目的・効果の実現を目指す一連の手続を構成していると評価できるかという実体法的側面，及び②先行行為の適否を争うための手続的保障が制度上十分であるかといった手続法的側面の両面から考察し，後続行為の取消訴訟において，先行行為の違法性を取消事由として主張させることが相当である場合には，違法性の承継を認めるべきである。

(3)ア 本件では，建築確認における接道要件充足の有無の判断と，安全認定における安全上の支障の有無の判断は，その判断の容易性の違いから，判断機関が分離されているという事情がある。そうだとすれば，両処分は一連の手続を構成しているとはいえないとも思える。

　　　しかし，両者はもともと一体的に行われていたものであるし，両処分が避難又は通行の安全の確保という同一

← 先行する安全認定が「処分」にあたることの認定

← **論証**
原則論

← **論証**
先行処分に無効の瑕疵がある場合

← **論証**
先行処分に取消し得る瑕疵がある場合

← 規範

← あてはめ

の目的を達成するために行われるものであることは変わりない。

　　また，安全認定は，Y県条例4条1項所定の接道要件を満たしていない建築物の計画について，同項を適用しないこととし，建築主に対し，建築確認申請手続において同項所定の接道義務の違反がないものとして扱われるという地位を与えるものであり，建築確認と結合して初めてその効果を発揮する。

　　したがって，①一連の手続を構成しているといえる。

イ　さらに，安全認定は，申請者以外の者に通知することは予定されておらず，建築確認があるまでは工事が行われることもないから，建築基準法89条1項に従い，施工者が建築確認があった旨の表示を工事現場にするまで，本件建築物の建築に気が付くことは難しく，事前に安全認定について争う機会は与えられていなかったといえる。そのため，②建築確認の取消訴訟において安全認定の違法の主張を認めるのが手続保障に資する。

ウ　したがって，本件建築確認の取消訴訟において本件安全認定の違法性を主張することができる。

3　以上より，Xは本件取消訴訟において本件安全認定の違法性を主張することができる。

以　上

Ｙ県では，建築物等における日照，通風，採光等を良好に保つとともに，当該建築物に火災等の災害が発生した場合における避難，消火及び救助活動を迅速かつ適切に行うため，建築基準法第４３条第１項の接道義務の制限を付加するためのＹ県建築安全条例（以下「Ｙ県条例」という。）を制定した。Ｙ県条例第４条第１項は，建築基準法第４３条を受けて，延べ面積が１０００平方メートルを超える建築物の敷地は，その延べ面積に応じて所定の長さ（最低６メートル）以上道路に接しなければならないと定め，同条第３項で，建築物の周囲の空地の状況その他土地及び周囲の状況により知事が安全上支障がないと認める場合においては，同条第１項の規定は適用しないと定めている（以下，同条第３項の規定により安全上支障がないと認める処分を「安全認定」という。）。

[欄外手書き] 安全認定→建築確認．

[欄外手書き] 実体承継○

建築確認における接道要件充足の有無の判断と，安全認定における安全上の支障の有無の判断は，もともとは一体的に行われていたものであるが，接道要件充足の有無は客観的に判断することが可能な事柄であり，建築主事又は指定確認検査機関が判断するのに適している一方，安全上の支障の有無は，専門的な知見に基づく裁量により判断すべき事柄であり，知事が一元的に判断するのが適切であるとの見地により，判断機関が分離されたという経緯があるが，両者は避難又は通行の安全の確保という同一の目的を達成するために行われるものである。

[欄外手書き] 実体承継×
[欄外手書き] 実体承継○

Ａは，延べ面積が約１２００平方メートルである建築物（以下「本件建築物」という。）の建築を計画していたところ，敷地が道路に接している距離が６メートルに満たなかったため，平成２５年１１月１５日，Ｙ県知事から安全認定（以下「本件安全認定」という。）を受けた上で，平成２６年４月２０日，建築主事から建築確認を受けた（以下「本件建築確認」という。）。

Ｘは，本件建築物の建設予定地に隣接した土地に居住している者である。

Ｘは，本件建築物の建築により，自己の生活上の安全が脅かされるおそれがあると考えたが，安全認定は，申請者以外の者に通知することが予定されておらず，建築確認があるまでは工事が行われることもないから，Ａが建築基準法第８９条第１項に従い，建築確認があった旨の表示を工事現場にするまで，本件建築物が建築されることに気が付かなかった。

[欄外手書き] 手段承継

そこで，Ｘは，平成２６年１２月１日，本件建築確認の取消しを求める訴え（以下「本件取消訴訟」という。）を提起した。

以上の事実を前提とし，Ｘは，本件取消訴訟において，本件安全認定の違法を主張することができるかについて，論じなさい。

[欄外手書き] 狭義

なお，本件取消訴訟が適法に提起されていることは前提としてよく，行政事件訴訟法第１０条第１項が定める主張制限については考慮する必要がない。また，法律と条例の関係についても触れる必要がない。

【参照法令】

○ **建築基準法**（昭和25年5月24日法律第201号）（抜粋）

（建築物の建築等に関する申請及び確認）

第6条　建築主は，第1号から第3号までに掲げる建築物を建築しようとする場合（中略），又は第4号に掲げる建築物を建築しようとする場合においては，当該工事に着手する前に，その計画が<u>建築基準関係規定</u>（この法律並びにこれに基づく命令及び条例の規定（括弧内略）その他建築物の敷地，構造又は建築設備に関する法律並びにこれに基づく命令及び条例の規定で政令で定めるものをいう。（中略））に適合するものであることについて，確認の申請書を提出して<u>建築主事の確認を受け</u>，確認済証の交付を受けなければならない。（以下略）

　　一～四　　（略）

2～9　　（略）

（敷地等と道路との関係）

第43条　建築物の敷地は，道路（括弧内略）に2メートル以上接しなければならない。

　　一，二　　（略）

2　　（略）

3　地方公共団体は，次の各号のいずれかに該当する建築物について，その用途，規模又は位置の特殊性により，第1項の規定によつては避難又は通行の安全の目的を十分に達成することが困難であると認めるときは，条例で，その敷地が接しなければならない道路の幅員，その敷地が道路に接する部分の長さその他その敷地又は建築物と道路との関係に関して必要な制限を付加することができる。

　　一　特殊建築物

　　二　階数が3以上である建築物

　　三　政令で定める窓その他の開口部を有しない居室を有する建築物

　　㊃　延べ面積（括弧内略）が1000平方メートルを超える建築物

　　五　その敷地が袋路状道路（括弧内略）にのみ接する建築物で，延べ面積が150平方メートルを超えるもの（括弧内略）

（工事現場における確認の表示等）

第89条　第6条第1項の建築，大規模の修繕又は大規模の模様替の工事の施工者は，当該工事現場の見易い場所に，（中略）建築主，設計者，工事施工者及び工事の現場管理者の氏名又は名称並びに当該工事に係る同項の確認があつた旨の表示をしなければならない。

2　　（略）

② 「違法性の承く継」論点

原則）承継 ✕

↓ しかし

要件 ①②

⇓

（あてはめ）

　① 実体面

　　反対：・主体の違い

　　　　　・内容の違い

　　　　　↓ しかし

　　・もともと 1つ

　　・目的同じ

　　・2つで 1つ

　　（安全認定だけだと意味ない）

　② 手続面

　　・建築確認までいかんと気付かん.

1　本件における、Y県安全建築安全条例（以下「Y県条例」という。）4条1項3項に基づく安全認定及び建築基準法（以下単に「法」という。）6条1項に基づく建築確認はいずれも行政事件訴訟法3条2項の「処分」に該当するところ、前者の処分には公定力が生じているので、前者の処分についての違法は前者の処分の取消訴訟（同法、同項）によってしか主張できないのが原則である。

　もっとも、Xとしては、両者の処分の間にいわゆる違法性の承継の関係が認められるとして、本件取消訴訟の中で本件安全認定の違法を主張することが考えられる。よって、以下両者の処分の間に違法性の承継が認められるかを検討する。

2　　違法性の承継が認められるか否かについては、実体法上先行処分と後行処分が一連一体の関係と認められるかに加え、先行処分後に取消訴訟を提起することが通常とはいえない場合や先行処分について手続保障が十分でない場合など、権利救済上後行処分の取消訴訟において先行処分の違法性主張を認めるべきか、という観点から検討する。

3(1)まず、実体面については、安全認定が建築一和Y県知事によって、安全上の支障の有無を判断されるものであるのに対し、建築確認が建築主事又は指定確認検査機関によって客観的な過去性建築計画の適法性の通法性を判断される（法6条1項参照）ものであることからすれば、両者のは判断の主体も内容も異なる処分であり、一連一体の処分ではないようにも見える。

　しかし、安全認定における安全上の支障の有無の判断と建築確認における接道要件充足の有無の判断は、もともとは一体的に行われていたものであり、両者は避難又は通行の安全確保という同一の目的を達成するために行われるものである。また、安全認定は建築確認の不可欠の前提としてなされるものであり、建築確認がなければ安全認定は何ら効果を発揮せず、意味のない処分であるといえる。

　これらの点に鑑みると、両者の処分は密接不可分なものであり、一連一体の処分であるということができる。

(2)他方で、手続上の権利救済の観点からみても、Y県条例においては、安全認定が申請者以外の者に通知されることは予定されておらずいない。また建築確認があるまで工事が行われることもないため、申請者以外の者としては、法89条1項に基づき建築確認があった旨の掲示が工事現場にされるまで、建築に気付かないのが通常である。。よって、申請者以外の者が安全認定の段階で安全認定に対する取消訴訟を提起できるとは考え難く、申請者以外の手続保障、建築確認まで、そして初めて取消訴訟を提起することが期待できるといえる。

　以上のことからすると、権利救済という観点からしても、先行処分である安全認定の違法性主張を認めることが望ましいといえる。

4　以上の二とから、より、実体法的観点からも手続法的観点か

5 も、 違法性 の 承継 が 認められる。

　したがって、Xは、本件取消訴訟において、本件安全認定の
違法を主張することができる。

以上

①A社は，Y県がY県中央卸売市場内に所有している行政財産である土地約100㎡（以下「本件土地」という。）について，Y県から，平成18年4月1日から，使用料を1か月当たり10万円（相場の2分の1程度の価格である。），使用期間の定めなく，喫茶店事業を営むための建物を建築所有することを目的として，その使用を許可された（以下「本件使用許可」という。）。その後，A社は本件土地上に建物を建設し，自ら喫茶店の経営を行っていた。しかし，平成28年に至り，Y県内の他の市場が閉鎖したこと及びY県の特産品が全国的にクローズアップされたこと等の事情から，同市場への入荷が急激に増加し，市場として，自ら本件土地を使用する必要が生じた。

②そこで，Y県は，平成28年4月，A社に対して平成29年3月末日までで本件使用許可を取り消す旨を通告した。

③なお，地方自治法には行政財産の目的外使用許可の取消しに関する補償規定は設けられていない。また，本件使用許可に際して，補償に関し，特別の定めがなされたこともない。

〔設問〕

1　仮に，地方自治法第238条の4第9項がなかった場合，Y県の本件使用許可の取消しは認められるか。

2　A社は，平成29年3月に店舗を撤去し，本件土地を明け渡したが，本件使用許可に基づく使用権は私有財産であるから，使用許可の撤回はその剥奪であると主張して損失補償を請求した。A社の請求は認められるか。

　　なお，設問1における許可の取消しは適法であることを前提としなさい。

【参照法令】

○　地方自治法（昭和22年4月17日法律第67号）(抜粋)

（行政財産の管理及び処分）

第238条の4

1～6　（略）

7　行政財産は，その用途又は目的を妨げない限度においてその使用を許可することができる。

8　（略）

9　第7項の規定により行政財産の使用を許可した場合において，公用若しくは公共用に供するため必要を生じたとき，又は許可の条件に違反する行為が

あると認めるときは，普通地方公共団体の長（中略）は，その許可を取り消すことができる。

○　国有財産法（昭和23年6月30日法律第73号）(抜粋)
（準用規定）
第19条　第21条から第25条まで（括弧内略）の規定は，（中略）同条第6項の許可（注：地方自治法第238条の4第7項と同様の規定）により行政財産の使用又は収益をさせる場合について準用する。
（貸付契約の解除）
第24条　普通財産を貸し付けた場合において，その貸付期間中に国又は公共団体において公用用，公用又は公益事業の用に供するため必要を生じたときは，当該財産を所管する各省各庁の長は，その契約を解除することができる。
2　前項の規定により契約を解除した場合においては，借受人は，これによつて生じた損失につき当該財産を所管する各省各庁の長に対し，その補償を求めることができる。

□ 出題論点

・行政行為の撤回 ……………………………………………………………………… **A**

□ 問題処理のポイント

　本問は，最判昭49.2.5【百選Ⅰ90】を素材とする問題です。

　設問1は，行政行為の撤回についての問題です。行政行為の撤回は重要な論点であり，法律の根拠の要否，受益的行政行為の撤回の2つが問題となることが多いので，本問を通じて処理手順を学んでいただきたいと思います。

　設問2は，損失補償に関する問題ですが，この点は設問1と異なり，頻出論点ではありません。そのため，本問を通じてまずは，問題の所在と，結論だけでも把握してほしいと思います。

□ 答案作成の過程

1 設問1

1　取消しの法的性格

　②本問でY県は本件土地の使用許可の取消しを行っていますが，この取消しは，適法な行政行為の成立後に，後発的な事情の変化が生じ，当該許可を維持することが必ずしも適当でなくなった場合に，将来的に無効とすることであり，講学上

の撤回に当たります。

2 撤回に法的根拠が必要か否か

　設問1では，撤回権を根拠づける地方自治法238条の4第9項の規定がなかった場合を想定しているため，撤回に法令の根拠を要求するかが問題となります。

　この点について，判例の立場は明確ではありません。学説上は，根拠不要説が通説でしたが，近時は授権規定が撤回権を根拠づけるとする説が有力化しています。

　本問では，前者によれば当然，後者によったとしても，同条7項の規定が授権規定となりますので，これによって撤回権が根拠づけられているとみることができます。

3 受益的行政行為の撤回

　もっとも，授益的行政行為の撤回の場合は，一度有効に成立した行政行為を瑕疵がないにもかかわらず撤回するものであるため，相手方・利害関係人の信頼や法的利益を害することになります。

　そのため，授益的行政行為の撤回については，相手方・第三者の既得権益を失わせることの不利益より公益上の必要性が高い場合に限り，撤回が認められると解されています。

　本問では，市場としての利用という公益上の必要性が高い一方で，A社が制約される利益は設問2で検討するとおり，内在的制約を伴う使用権であるため，撤回は認められるというべきでしょう。

2 設問2

1 法的根拠の選択

　③まず，地方自治法上には損失補償に関する規定が設けられていませんので，その根拠についてどのように解するかが問題となります。

　この点，損失補償の根拠を憲法29条3項に求めることも可能ですが，素材判例は，その根拠を憲法29条3項ではなく，国有財産法19条及び24条の類推適用に求めています。

2 素材判例の判断

　この点について，素材判例は，「本件のような……行政財産たる土地につき使用許可によって与えられた使用権は，それが期間の定めのない場合であれば，当該行政財産本来の用途又は目的上の必要を生じたときはその時点において原則として消滅すべきものであり，また，権利自体に右のような制約が内在しているものとして付与されているものとみるのが相当である。すなわち，当該行政財産に右の必要を生じたときに右使用権が消滅することを余儀なくされるのは，……使用権自体に内在する前記のような制約に由来するものということができるから，右使用権者は，行政財産に右の必要を生じたときは，原則として，地方公共団体に対しもはや当該使用権を保有する実質的理由を失うに至るのであって，その例

外は，ⅰ使用権者が使用許可を受けるに当たりその対価の支払をしているが当該行政財産の使用収益により右対価を償却するに足りないと認められる期間内に当該行政財産に右の必要を生じたとか，ⅱ使用許可に際し別段の定めがされている等により，行政財産についての右の必要にかかわらず使用権者がなお当該使用権を保有する実質的理由を有すると認めるに足りる特別の事情が存する場合に限られる……。」としました。では，本問で「特段の事情」があるといえるでしょうか。

3　あてはめ

本問では，本件使用許可に補償に関する規定はありませんので，「特別の事情」のうちⅰの事由について検討する必要があります。本問では10年以上にわたって相場の２分の１程度の価格で使用を認められてきた以上，「使用権者が使用許可を受けるに当たりその対価の支払をしているが当該行政財産の使用収益により右対価を償却するに足りないと認められる期間内に当該行政財産に右の必要を生じた」とは言い難いでしょう。

4　結論

したがって，特別の事情が認められない以上，A社の請求は認められません。

□ 答案構成

第1　設問１について
　1　本件使用許可の取消しは講学上の撤回に当たる
　　　↓
　2　特別の法的根拠が必要か
　　　↓
　　　不要説
　　　↓
　3　授益的行政行為を撤回する場合は比較衡量が必要
　　　↓
　　　あてはめ
　　　↓
　4　本件使用許可の取消しに地方自治法上の根拠がない場合でも，Ｙ県の本件使用許可の取消しは認められる

第2　設問2について
　1　本件使用許可に基づく使用権の対価の補償を要するのではないか
　　　↓
　2　国有財産法19条及び24条の類推適用
　　　↓
　3　権利対価補償は，特別の事情がない限り認められない
　　　↓
　　　あてはめ
　　　↓
　4　A社の請求は認められない

第1　設問1について
1　Y県が行った本件使用許可の取消しは，その成立後に，Y
　県自体が本件土地を使用する必要が生じたことを理由とする
　ものである。これは，適法な行政行為の成立後に，後発的な
　事情の変化が生じ，当該許可を維持することが必ずしも適当
　でなくなった場合に，将来的に無効とすることであり，講学
　上の撤回に当たる。　　　　　　　　　　　　　　　　　　←取消の法的性質
2(1)　本件使用許可の取消しに地方自治法上の根拠がない場合，　←**論証**
　　そのような特別の法的根拠がなくても撤回が認められるか。　　法的根拠の要否
　(2)　撤回は，行政行為の合目的性の回復であることからする
　　と，特別の法的根拠はどのような場合であっても不要とも
　　思える。また，明文の根拠がなければ撤回が不可能である
　　とすると，重大な公益を損なう結果となり，著しく不都合
　　な結果が生じることがあり得る。
　　　そこで，撤回には特別の根拠を要しないと解すべきであ
　　る。
3(1)　しかし，授益的行政行為を撤回する場合，撤回の相手方　←受益的行政行為の撤回
　　にとっては侵害行為とも捉え得る。
　　　そこで，相手方の既得権益を失わせることの不利益より
　　公益上の必要性が高い場合に限り，撤回を認めるべきであ
　　る。
　(2)　本件使用許可は，私人であるA社に対して，行政財産で　←あてはめ

ある本件土地を使用することができるようにするものであ
り，授益的行政行為であるから，撤回は制限される。
　　しかし，Y県において，市場として自ら本件土地を使用
する必要が生じており，撤回を行う公益上の必要性が高い。
また，下記のように，A社が制約される利益は下記のよう
な内在的制約を伴う使用権であるから，失われる利益は小
さいといえる。
　　以上の事情を総合すれば，本問では撤回は制限されない
と解すべきである。
4　以上より，本件使用許可の取消しに地方自治法上の根拠が
　ない場合でも，Y県の本件使用許可の取消しは認められる。
第2　設問2について
1　本件使用許可の取消しは適法であるとしても，本件使用許
　可に基づく使用権の対価の補償を要するのではないか。
2　この点について，確かに，地方自治法には行政財産の目的
　外使用許可の取消しに関する補償規定は設けられておらず，
　また，本件使用許可に際して，補償に関し，特別の定めがな
　されたこともない。
　　しかし，国有財産法には，行政財産の目的外使用許可の取　←類推適用することができる
　消しに関する補償規定が設けられているところ（同法19条及　　根拠
　び24条），国有であれ都道府県有であれ，行政財産に差等は
　なく，公平の原則からしても国有財産法の上記規定は都道府

県有行政財産の使用許可の場合にこれを類推適用すべきものと解する。

3　もっとも，本問のように，行政財産の使用許可に期限がない場合，本来の用途・目的に照らして必要性が生じたときには，使用権は消滅するという内在的制約があるとみるべきである。 論証

そこで，補償を要するのは，使用権者が使用許可を受けるに当たりその対価の支払をしているが当該行政財産の使用収益によりかかる対価を償却するに足りないと認められる期間内に当該行政財産に上記の必要を生じたとか，使用許可に際し別段の定めがされている等により，行政財産についての上記の必要にかかわらず使用権者がなお当該使用権を保有する実質的理由を有すると認めるに足りる特別の事情が存する場合に限られると解する。

本問では，使用許可に際し別段の定めがされているわけではない。また，10年以上にわたって相場の2分の1程度の価格で使用を認められてきた以上，対価を償却するに足りないと認められる期間内に当該行政財産に上記の必要を生じたというわけでもない。 ←あてはめ

4　したがって，補償を要する場合には当たらないから，A社の請求は認められない。

以　上

II 行政作用法 ▼ 第6問

　A社は，Y県がY県中央卸売市場内に所有している行政財産である土地約１００㎡（以下「本件土地」という。）について，Y県から，平成１８年４月１日から，使用料を１か月当たり１０万円（相場の２分の１程度の価格である。），使用期間の定めなく，喫茶店事業を営むための建物を建築所有することを目的として，その使用を許可された（以下「本件使用許可」という。）。その後，A社は本件土地上に建物を建設し，自ら喫茶店の経営を行っていた。

　しかし，平成２８年に至り，Y県内の他の市場が閉鎖したこと及びY県の特産品が全国的にクローズアップされたこと等の事情から，同市場への入荷が急激に増加し，市場として，自ら本件土地を使用する必要が生じた。

　そこで，Y県は，平成２８年４月，A社に対して平成２９年３月末日までで本件使用許可を取り消す旨を通告した。

　なお，地方自治法には行政財産の目的外使用許可の取消しに関する補償規定は設けられていない。また，本件使用許可に際して，補償に関し，特別の定めがなされたこともない。

〔設問〕
　１　仮に，地方自治法第２３８条の４第９項がなかった場合，Y県の本件使用許可の取消しは認められるか。
　２　A社は，平成２９年３月に店舗を撤去し，本件土地を明け渡したが，本件使用許可に基づく使用権は私有財産であるから，使用許可の撤回はその剥奪であると主張して損失補償を請求した。A社の請求は認められるか。
　　なお，設問１における許可の取消しは適法であることを前提としなさい。

【参照法令】
〇　地方自治法（昭和２２年４月１７日法律第６７号）（抜粋）
（行政財産の管理及び処分）
第２３８条の４
１～６　（略）
⑦　行政財産は，その用途又は目的を妨げない限度においてその使用を許可することができる。
８　（略）
⑨　第７項の規定により行政財産の使用を許可した場合において，公用若しくは公共用に供するため必要を生じたとき，又は許可の条件に違反する行為があると認めるときは，普通地方公共団体の長（中略）は，その許可を取り消すことができる。

〇　国有財産法（昭和２３年６月３０日法律第７３号）（抜粋）
（準用規定）
第１９条　第２１条から第２５条まで（括弧内略）の規定は，（中略）同条第６項の許可（注：地方自治法第２３８条の４第７項と同様の規定）により行政財産の使用又は収益をさせる場合について準用する。
（貸付契約の解除）
第２４条　普通財産を貸し付けた場合において，その貸付期間中に国又は公共団体において公用，公用又は公益事業の用に供するため必要を生じたときは，当該財産を所管する各省各庁の長は，その契約を解除することができる。
２　前項の規定により契約を解除した場合においては，借受人は，これによって生じた損失につき当該財産を所管する各省各庁の長に対し，その補償を求めることができる。

設 1

　地目238の4　I又 なし

　→ 撤回の 直接の 根拠なし

　　　　↓

　論点：撤回の 法的根拠.

　　　　= 処分根拠規定

　　　↓ もっとも

　　授益的処分 → 制限あり

　　論点：撤回の制限

　　　　→ 条件 ①
　　　　　　　　②
　　　　　　　　③ 公益上の必要性が上回る

　　　　⇒ ③ のあてはめ

　　　　　・不利益 ← 内在的制約

　　　　　・必要性.

設 2

　損失補償 → 根拠規定なし → 憲法29Ⅲで.

　　　　↓

　論点：特別の犠牲

　　⇒ (あてはめ) （判例使う、使用許可）.

第1 設問1について

1 Y県によるA社への本件使用許可は、Y県の行政財産である本件土地についての使用許可であり、地方自治法(以下法令名省略。)238条の4第7項に基づいている。一方でその取消しは、同条9項に基づくものと考えられる。ため、同項がなかった場合、本件使用許可取消しの直接の根拠がなくなるようにも思えるが、それでも取消しは認められるか。

2 ここで、本件使用許可の取消し(以下「本件取消し」という。)は、Y県の市場として本件土地を使用する必要が生じたことを理由とするものであり、許可時に自体は適法であ～あるから、講学上の撤回にあたる。

そして、行政行為の撤回は、行政の公益適合性を維持するための積極的行為であり、撤回その点で処分権限と撤回権限は表裏一体といえる。よって、撤回は処分権限の根拠規定を根拠として行うことが可能というべきである。

よって、本件においても、本件取消しは238条の4第9項に基づいて行える。

3 もっとも、本件のような授益的な行政行為の場合、無制限に撤回が可能であるとすると、行政行為の相手方や利害関係人の信頼や利益を害することに

なり得る。そこで、相手方が撤回に同意している場合、相手方に撤回の帰責性がある場合又は撤回による相手方及び利害関係人の不利益に比して公益上の必要性が未土く上回る場合のいずれかに当たる場合に限り、撤回が認められると考える。

本件においては、本件取消しによってA社は平成29年4月以降本件土地を使用できなくなるが、そもそもこの使用は行政財産について使用期間を定めずに認められていたものであり、公益上の必要性があれば使用取消許可の取消しをされる可能性こと が前提となっているものである。すなわち本件許可に内在していた不利益が現実化しただけのことであり、この不利益が大王いとは評価できない。また、1年間は使用を猶予されているのであり、その点でも不利益は大王いといえない。

その一方で、Y県では他の市場が閉鎖され、Y県の特産品がクローズアップされたことで、市場への入荷が急増し、市場として本件土地を使用する必要性が生じている。よって、公益上の必要性は高いといえる。

以上の事情からすれば、本件取消しは相手方の不利益を公益上の必要性が上回る場合に当たり、

認められる。
第2 設問2について
1 A社は、本件取消しについて、財産権の剥奪として損失補償を請求しているが、地方自治法にも本件使用許可における定めにも（特別の犠牲として）損失補償についての定めはない。
　　もっとも、憲法29条3項には損失補償についての規定があるため、A社は同項を直接の根拠として請求する。
2 では、同項において必要とされるいわゆる特別の犠牲がA社にあるといえるか。規制目的、規制の強度期間、既存の利用形態、制限される権利の性質などを考慮して実質的に検討する必要がある。
　　本件においては、本件取消しによってA社が全く本件土地を使用できなくなるという点では規制の強度が強いとも思えるが、前述の通り本件土地の使用にはもともと内在的な制約が存在していたといえる。さらに、利用期間についての定めもなければ、使用料は相場の2分の1の10万円であり10年間使用しているのであるから既支払った対価を償却できていないというような事情もない。
　　これらの事情からすれば、A社には特別の犠牲は認められ ない。
3 よって、A社の損失補償請求は認められない。
　　　　　　　　　　　　　　　　　以上.

　①税関職員であるＸは，労働組合の執行委員として，職員に対する懲戒処分に対する抗議活動に際し罵声を浴びせる等して税関主事の退出を困難にし，また，勤務時間内の職場集会に際して団結を促す演説をし，積極的にシュプレヒコールを繰り返す等，指導的な役割を果たした（以下「本件行為」という。）。ただし，この職場集会は約30分で終了し，業務に具体的な支障は生じていなかった。Ｘは過去にも同様の行為を繰り返し行っており，１年前にはそれを理由として半年間の停職処分を受けていた。

　②税関長であるＹは，本件行為が，国家公務員法第98条第１項・第２項，第101条第１項及び人事院規則に違反するとして，国家公務員法第82条第１項第１号に基づき，Ｘを懲戒免職処分とした（以下「本件処分」という。）。

　③そこで，Ｘは，本件処分の取消訴訟（行政事件訴訟法第３条第２項）を提起した。

〔設問〕

　　④上記取消訴訟の本案において，Ｘは，仮に，国家公務員法が定める懲戒事由が認められるとしても，本件処分は，懲戒権者に認められた裁量権の範囲を逸脱又は濫用するものであって違法であると主張した。Ｘの主張は認められるか。

【参照法令】　国家公務員法（昭和22年10月21日法律第120号）（抜粋）

（懲戒の場合）

第82条　職員が，次の各号のいずれかに該当する場合においては，これに対し懲戒処分として，免職，停職，減給又は戒告の処分をすることができる。

一　この法律若しくは国家公務員倫理法又はこれらの法律に基づく命令（括弧内略）に違反した場合

二・三　（略）

2　（略）

（法令及び上司の命令に従う義務並びに争議行為等の禁止）

第98条　職員は，その職務を遂行するについて，法令に従い，且つ，上司の職務上の命令に忠実に従わなければならない。

2　職員は，政府が代表する使用者としての公衆に対して同盟罷業，怠業その他の争議行為をなし，又は政府の活動能率を低下させる怠業的な行為をしてはならない。又，何人も，このような違法な行為を企て，又はその遂行を共謀

し，そそのかし，若しくはあおってはならない。

3　（略）

（職務に専念する義務）

第101条　職員は，法律又は命令の定める場合を除いては，その勤務時間及び職務上の注意力のすべてをその職責遂行のために用い，政府がなすべき責を有する職務にのみ従事しなければならない。（以下略）

2　（略）

□ 出題論点

・自由裁量と羈束裁量（裁量権の逸脱・濫用）……………………………………… A

□ 問題処理のポイント

　本問は，最判昭52.12.20【百選Ⅰ80】を素材とする問題です。

　裁量権の逸脱濫用の問題は，そもそも当該処分を行うことについて裁量があるか，あるとして，その逸脱濫用があるかという順序を意識して頂ければと思います。

　裁量権の逸脱濫用については，毎年のように司法試験で出題されているので，本問以外の論点についても，しっかりと学習する必要があります。

□ 答案作成の過程

1　問題の所在

　④本問では本件処分の取消訴訟における，Ｘの主張内容は，「国家公務員法が定める懲戒事由が認められるとしても，本件処分は，懲戒権者に認められた裁量権の範囲を逸脱又は濫用するものであって違法である」というものです。

　そのため，本問では，懲戒事由該当性を論じる必要はなく，Ｘを懲戒免職処分とした判断に裁量権の逸脱・濫用があるか否かを論じれば足ります。

2　裁量権の有無

　本件処分に裁量があるか否かは，ⅰ法律の文言（不確定概念，複数の選択肢等）とⅱ処分の性質（侵害処分か受益処分か，また政治的・専門的・技術的判断が要求されるか等）の両面から判断します。

　まず，ⅰの観点からみると，国家公務員法は，同法所定の懲戒事由がある場合に，懲戒処分をすべきかどうか，懲戒処分をするときにいかなる処分を選択すべきかについて，具体的な基準を設けていません（法82条）。

　次にⅱの観点ですが，懲戒処分の判断は諸般の事情を考慮してなされるもので

ありますので，平素から庁内の事情に通暁し，部下職員の指揮監督に当たる者の裁量に任せるのでなければ，適切な結果を期待することができません。

以上から，法は，公務員につき，国公法に定められた懲戒事由がある場合に，懲戒処分を行うかどうか，懲戒処分を行うときにいかなる処分を選択するかにつき，懲戒権者の裁量に委ねる趣旨であると解することができます。

したがって，懲戒権者が上記の裁量権の行使として行った懲戒処分が，社会観念上著しく妥当を欠いて裁量権を付与した目的を逸脱し，これを濫用したと認められる場合でなければ，違法とはなりません。

ただし，免職処分は，懲戒処分の中でも最も重いものであり，より慎重な判断が求められるのではないでしょうか。

この点について，素材判例は懲戒権者の裁量を認めつつ，減給以上の処分を選択する場合には，「当該処分を選択することの相当性を基礎付ける具体的な事情が認められる場合であることを要する」と判示しました。

したがって，減給以上の処分である懲戒免職が問題となる本問でも，上記当該処分を選択することの相当性を基礎付ける具体的な事情が必要となります。

3 あてはめ

①Xは，職員に対する懲戒処分に対する抗議活動に際し罵声を浴びせる等して税関主事の退出を困難にしており，このような抗議活動の態様は明らかに行きすぎであるといえます。

また，勤務時間内の職場集会に際して団結を促す演説をし，積極的にシュプレヒコールを繰り返す等したXの行為は，法の定める専念義務に正面から反するものといえ，違反の程度が大きいといえます。

一方で職場集会がわずか約30分という短時間で終了し，業務に具体的な支障は生じていませんが，公共性の強い税関におけるものであることを考慮すると，なお上記行為は重大な違反と考えることができます。

以上と併せ，過去にも同様の行為を繰り返し行っており，1年前にはそれを理由として半年間の停職処分を受けていたというXの勤務態度を併せ考慮すれば，免職処分を選択することの相当性を基礎付ける具体的な事情が認められると言わざるを得ません。

したがって，本件処分は，社会観念上著しく妥当を欠いて裁量権を付与した目的を逸脱し，これを濫用したと認められる場合には当たりません。

4 結論

以上より，本件処分において，Yに裁量権の逸脱又は濫用は認められないため，本件処分が違法であるとのXの主張は認められません。

1 裁量権の逸脱・濫用の有無

懲戒権者に裁量が認められる

懲戒権者が上記の裁量権の行使として行った懲戒処分が，社会観念上著しく妥当を欠いて裁量権を付与した目的を逸脱し，これを濫用したと認められる場合でなければ，違法とはならない

ただし，免職処分の場合には，当該処分を選択することの相当性を基礎付ける具体的な事情が認められる場合であることを要する

2 あてはめ

3 Xの主張は認められない

Ⅱ
行政作用法 ▼ 第7問

1　Xが主張するように，本件処分において，Yに裁量権の逸脱又は濫用は認められるか。

　　まず，国家公務員法（以下「法」という。）は，同法所定の懲戒事由がある場合に，懲戒処分をすべきかどうか，懲戒処分をするときにいかなる処分を選択すべきかについて，具体的な基準を設けていない（法82条）。また，その判断は諸般の事情を考慮してなされるものであるから，平素から庁内の事情に通暁し，部下職員の指揮監督に当たる者の裁量に任せるのでなければ，適切な結果を期待することができない。それ故，法は，公務員につき，国公法に定められた懲戒事由がある場合に，懲戒処分を行うかどうか，懲戒処分を行うときにいかなる処分を選択するかにつき，懲戒権者の裁量に委ねる趣旨であると解するべきである。 ←■論証
裁量の有無

　　したがって，懲戒権者が上記の裁量権の行使として行った懲戒処分が，社会観念上著しく妥当を欠いて裁量権を付与した目的を逸脱し，これを濫用したと認められる場合でなければ，違法とはならないというべきである。 ←裁量権の逸脱濫用に関する規範

　　ただし，免職処分は，懲戒処分の中でも最も重いものであり，慎重な判断を要する。具体的には，当該処分を選択することの相当性を基礎付ける具体的な事情が認められる場合であることを要する。 ←免職処分の特殊性

2　では，本問の免職処分には逸脱・濫用が認められるか。

　　Xは，職員に対する懲戒処分に対する抗議活動に際し罵声を浴びせる等して税関主事の退出を困難にしており，このような抗議活動の態様は明らかに行きすぎであるといえる。また，勤務時間内の職場集会に際して団結を促す演説をし，積極的にシュプレヒコールを繰り返す等したXの行為は，法の定める専念義務に正面から反するものといえ，違反の程度が大きいといえる。 ←あてはめ

　　なお，たとえ職場集会がわずか約30分という短時間で終了し，業務に具体的な支障は生じていなかったとしても，公共性の強い税関におけるものであることを考慮すると，重大な違反と考え得る。

　　以上と併せ，過去にも同様の行為を繰り返し行っており，1年前にはそれを理由として半年間の停職処分を受けていたというXの勤務態度を併せ考慮すれば，免職処分を選択することの相当性を基礎付ける具体的な事情が認められると言わざるを得ない。

　　したがって，本件処分は，社会観念上著しく妥当を欠いて裁量権を付与した目的を逸脱し，これを濫用したと認められる場合には当たらない。

3　以上より，本件処分において，Yに裁量権の逸脱又は濫用は認められない。

　　本件処分が違法であるとのXの主張は認められない。

以　上

税関職員であるXは，労働組合の執行委員として，職員に対する懲戒処分に対する抗議活動に際し罵声を浴びせる等して税関主事の退出を困難にし，また，勤務時間内の職場集会に際して団結を促す演説をし，積極的にシュプレヒコールを繰り返す等，指導的な役割を果たした（以下「本件行為」という。）。ただし，この職場集会は約30分で終了し，業務に具体的な支障は生じていなかった。Xは過去にも同様の行為を繰り返し行っており，1年前にはそれを理由として半年間の停職処分を受けていた。

税関長であるYは，本件行為が，国家公務員法第98条第1項・第2項，第101条第1項及び人事院規則に違反するとして，国家公務員法第82条第1項第1号に基づき，Xを懲戒免職処分とした（以下「本件処分」という。）。

そこで，Xは，本件処分の取消訴訟（行政事件訴訟法第3条第2項）を提起した。

〔設問〕

上記取消訴訟の本案において，Xは，仮に，国家公務員法が定める懲戒事由が認められるとしても，本件処分は，懲戒権者に認められた裁量権の範囲を逸脱又は濫用するものであって違法であると主張した。Xの主張は認められるか。

【参照法令】
○　国家公務員法（昭和22年10月21日法律第120号）（抜粋）
（懲戒の場合）
第82条　職員が，次の各号のいずれかに該当する場合においては，これに対し懲戒処分として，免職，停職，減給又は戒告の処分をすることができる。
　一　この法律若しくは国家公務員倫理法又はこれらの法律に基づく命令（括弧内略）に違反した場合
　二・三　（略）
2　（略）
（法令及び上司の命令に従う義務並びに争議行為等の禁止）
第98条　職員は，その職務を遂行するについて，法令に従い，且つ，上司の職務上の命令に忠実に従わなければならない。
2　職員は，政府が代表する使用者としての公衆に対して同盟罷業，怠業その他の争議行為をなし，又は政府の活動能率を低下させる怠業的行為をしてはならない。又，何人も，このような違法な行為を企て，又はその遂行を共謀し，そそのかし，若しくはあおってはならない。
3　（略）
（職務に専念する義務）
第101条　職員は，法律又は命令の定める場合を除いては，その勤務時間及び職務上の注意力のすべてをその職責遂行のために用い，政府がなすべき責を有する職務にのみ従事しなければならない。（以下略）
2　（略）

裁量の逸脱・濫用（により）違法かどうか？
↓
まず、裁量の有無・広狭の検討。

{ 文言… 82ー1には複数のメニュー
性質… 内部事情に通暁している者
　　　に任すべき処分

→ 有 かつ 広い → 効果裁量
↓
社会観念審査

→ 但し、免職ゆえ、慎重に判断。
↓
（あてはめ）
⊕ … かなりやりすぎ ＆ 過去の違反

⊖ … 業務に具体的支障なし
　　→ ただ、今回はそうだっただけで、
　　　反省ないことからすると、次は、
　　　支障でることやりそう…。
↓
適法。

1　Xの主張の当否を判断する前提として、まず国家公務員法82条1項1号に基づく懲戒処分に裁量が認められるか、認められるとしてその広狭はどうか、につき検討する。
　同法82条1項は、懲戒処分につき、複数のメニューを定め、その選択については、処分権者に委ねている。懲戒処分は、違反者に対して、適切な制裁を科すことで、庁内の統制を図り、もって適正な行政運営を図ることを目的とするものである。よって、平素より庁内の事情に通暁し、職員の指揮監督に当たる者の広範な裁量に委ねるてれば、上記目的を達成することができる。
　したがって、同法82条1項は、広範な効果裁量を定めた規定であると解釈する。
2　この場合、裁量権の行使が逸脱・濫用と評価されるのは、社会観念上著しく妥当性を欠く場合に限られる。
　但し、本件処分は、免職処分ゆえ、被処分者に与える不利益の重大性に鑑みれば、免職処分を相当とするだけの事情が要求されると解釈するべきである。
　Xは、職員に対する懲戒処分に対する抗議

活動に際して、罵声を浴びせる等して税関主事の退出を困難にしたり、勤務時間内にも関わらず、職場集会に際し団結を促す演説をし、積極的にシュプレヒコールを繰り返す等、指導的な役割を果たしたりている。
　上記行為は、いずれも庁内の規律ある運営を著しく妨害する行為である。
　また、Xは過去にも同様の行為を繰り返し行っており、わずか1年前にも半年間の停職処分を受けている。しかし、Xは一切反省することなく、本件行為に及んでいるのである。
　以上の事情からすると、免職処分をする他に、Xの違反行為を防ぐことはできないといえる。
　上記職場集会は約30分で終了し、業務に具体的な支障が生じていなかったとしても、Xの違反行為に及ぶ積極性や反省が強度であることや反省がないことに鑑みると、Xの被る不利益が重大であるとしても、庁内の規律ある運営を確保するためには、本件処分もやむなしと評価できる。
3　したがって、本件処分は、社会観念上著しく妥当性を欠くとはいえず、適法であり、Xの主張は、

認められない。

以上.

①X市は，パチンコ店の濫立に対する市民の反対運動を契機として，パチンコ店の建築を規制する条例を制定した（下記【参照法令】参照）。しかし，Yは，X市条例第3条の市長の同意を受けることなく，建築確認を受けて建築工事を着工したため，X市長は，同条例第8条に基づく建築中止命令を発したが，Yは，工事を続行している。

②そこで，X市は，Yを被告として，建築工事の続行禁止を求める民事訴訟を提起した。

③X市の提起した訴えの適法性について，論じなさい。

【参照法令】　X市条例（抜粋）

第3条　X市内で，パチンコ店に利用する建物を建築しようとする者は，あらかじめ市長の同意を得なければならない。

第8条　第3条に違反してパチンコ店に利用する建物を建築しようとする者に対して，市長は，建築中止，原状回復その他必要な措置をとることができる。

□ 出題論点

・民事法上の強制執行と行政法上の強制執行の関係 ·························· **B**

□ 問題処理のポイント

本問は，最判平14.7.9【百選Ⅰ109】を素材とする問題です。

本問は，行政上の強制執行手続がない場合に，民事訴訟による司法的執行の方法がとれるかを問う問題です。その前提として行政上の義務履行確保の手法の種類を整理し，本論点がどのような位置づけであるかを把握して頂ければ理解が進むと思います。

□ 答案作成の過程

1 問題の所在

③本問では，X市がYを被告として，建築工事の続行禁止を求めるべく，民事訴訟を提起しており，その適法性が問われています。

①X市はYに対して市条例8条に基づく中止命令を発していますので，Yは，建築工事を続行しないという行政上の義務を負っていることになります。

通常，命令に対して国民が行政上の義務を履行しない場合，行政罰や行政上の強制執行（代執行，執行罰，直接強制，強制徴収）の手段を用いて，義務の履行を確保しますが，本問ではYが負う義務は代替的作為義務ではないため，代執行はできませんし，その他の強制執行も根拠となる法律がないため，することができません。

そこで，行政上の義務を民事訴訟により実現できるかが問題になります。

2 民事手続による強制の可否

民事訴訟による義務履行が認められるためには，当該訴えが「法律上の争訟」（裁判所法3条1項）にあたる，又は「その他法律において特に定める」場合にあたる必要があります。

3 「法律上の争訟」「その他法律において定める」

1 法律上の争訟

「法律上の争訟」とは，当事者間の具体的な権利義務ないし法律関係の存否に関する紛争であって，かつ，それが法令の適用により終局的に解決することができるものをいいます（裁判所法3条1項）。

まず，行政上の義務には，法令により直接命じられるものと，行政庁が法令に基づいて発した行政処分によって命じられるものとがあります。

いずれの場合であっても，その根拠となる行政上の権限は，通常，公益確保のために認められているにすぎず，行政主体がその実現について主観的な権利を有するとはいえません。

したがって，専ら行政権の主体として，国民に対して行政上の義務の履行を求める場合は，当事者間の具体的な権利義務ないし法律関係の存否に関する紛争ということができないため，「法律上の争訟」に当たらないと解されています。

これとは別に，財産権の主体として，自己の財産上の権利利益の保護救済を求める場合は当事者間の具体的な権利義務ないし法律関係の存否に関する紛争ということができるため，「法律上の争訟」に当たると解されます。

2 「その他」の「法律」

また，一般的に行政主体が国民に対し行政上の義務履行を求める訴訟ができるとする法律はありません。

そのため，「その他」の「法律」（裁判所法3条1項）もないといえます。

3 結論

以上より，X市の訴えは不適法となります。

1 行政上の義務を民事訴訟により，実現できるか
↓
2 民事法上の強制執行と行政法上の強制執行の関係
↓

　財産権の主体として，自己の財産上の権利利益の保護救済を求める場合は「法律上の争訟」（裁３Ⅰ）に当たるが，専ら行政権の主体として，国民に対して行政上の義務の履行を求める場合は，「法律上の争訟」に当たらない
↓
3 あてはめ
↓
4 X市の訴えは不適法

1　YのX市に対する義務は，YがX市条例3条の市長の同意　　←義務の認定
を受けることなく，建築確認を受けて建築工事を着工したた
め，X市長が同条例8条に基づく建築中止命令を発したこと
によるものであり，行政上の義務に該当する。

　　そこで，行政上の義務を民事訴訟により，実現できるかが　　←問題の所在
問題となる。

2　行政代執行法の規定や制定経緯等に照らせば，同法は，行　　←論証
政上の義務の履行確保の一般的手段としては行政代執行に限
って認める趣旨である。また，行政上の義務には，法令によ
り直接命じられるものと，行政庁が法令に基づいて発した行
政処分によって命じられるものとがあるが，いずれの場合で
あっても，その根拠となる行政上の権限は，通常，公益確保
のために認められているにすぎず，行政主体がその実現につ
いて主観的な権利を有するとは解し難い。

　　したがって，財産権の主体として，自己の財産上の権利利
益の保護救済を求める場合は「法律上の争訟」（裁判所法3
条1項）に当たるが，専ら行政権の主体として，国民に対し
て行政上の義務の履行を求める場合は，「法律上の争訟」に
当たらないと解すべきである。「法律上の争訟」とは，当事
者間の具体的な権利義務ないし法律関係の存否に関する紛争
であってかつ，それが法令の適用により終局的に解決するこ
とができるものに限られるところ，後者の場合には，行政主

体が主観的な権利利益について保護救済を求めているとは解
し難いからである。

　　また，一般的に行政主体が国民に対し行政上の義務履行を
求める訴訟ができるとする法律もなく，「その他」の「法律」
（同項）もない。

　　よって，行政上の義務履行確保のため司法的執行の方法に
よることはできないと解すべきである。

3　上記のように，本件のYの義務は，X市条例8条に基づく
義務であり，行政上の義務である。

　　したがって，専ら行政権の主体として，国民に対して行政
上の義務の履行を求める場合に当たるから，X市がこれをY
に求めることは「法律上の争訟」に当たらない。

4　以上から，X市の訴えは不適法である。　　　　　　　　　←結論

　　　　　　　　　　　　　　　　　　　　　　　　以　上

　　　　X市は、パチンコ店の濫立に対する市民の反対運動を契機として、パチンコ店の建築を規制する条例を制定した（下記【参照法令】参照）。しかし、Yは、X市条例第3条の市長の同意を受けることなく、建築確認を受けて建築工事を着工したため、X市長は、同条例第8条に基づく建築中止命令を発したが、Yは、工事を続行している。

　　　　そこで、X市は、Yを被告として、建築工事の続行禁止を求める民事訴訟を提起した。X市の提起した訴えの適法性について、論じなさい。

【参照法令】　X市条例（抜粋）

第3条　X市内で、パチンコ店に利用する建物を建築しようとする者は、あらかじめ市長の同意を得なければならない。

第8条　第3条に違反してパチンコ店に利用する建物を建築しようとする者に対して、市長は、建築中止、原状回復その他必要な措置をとることができる。

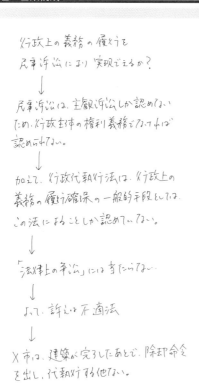

行政上の義務の履行を
民事訴訟により実現できるか？
↓
民事訴訟は、主観訴訟しか認めない
ため、行政主体の権利義務でなければ
認められない。
↓
加えて、行政代執行法は、行政上の
義務の履行確保の一般的手段としては、
この法によることしか認めていない。
↓
「法律上の争訟」には当たらない
↓
よって、訴えは不適法
↓
X市は、建築が完了したあとで、除却命令
を出し、代執行する他ない。

1　X市がYに対して主張する義務は、X市条例
8条に基づく建築中止義務であり、行政上の義務
である。行政上の義務を民事訴訟により、
実現することができるかを検討する。
　　行政上の義務の実現については、一般法として
行政代執行法が規定されている。その趣旨は、
行政上の義務の履行確保は、当該法に限る
点にある。行政上の権限は、公益確保を目的と
するものであり、主観訴訟である民事訴訟に
おける実現は、想定されていないからである。
　　したがって、行政上の義務の実現を求めて、
民事訴訟を提起した場合、「法律上の争訟」
（裁判所法3条1項）に当たらないと解釈する。

2　以上より、Xの訴えは、不適法であり、却下
される。
　　X市としては、建築中止義務が非代替義務
ゆえ、行政代執行法によることができないため
（同法2条の2つ目のカッコ書主参照、）民事訴訟
を選択したものであり、上記結論は、妥当性に
疑問がある。
　　建築が完了した後に、原状回復として建物の
除却命令を出し、行政代執行法による執行

をするうことととなる。
　　　　　　　　　　　以上

①Xは，S国に観光へ行こうと考え，法定の手続に従い，外務大臣に対して，S国を渡航先とする一般旅券の発給を申請したところ，外務大臣Yは，「旅券法第13条第1項第7号に該当する。」との理由を付した書面により，一般旅券を発給しない旨を通知した。

②これを不服とするXは，Yによる旅券の発給拒否処分の取消しを求める訴えを提起した。Xの請求は認められるかについて，論じなさい。

③なお，YがXの申請が旅券法第13条第1項第7号に該当するとした判断の違法性については触れる必要がない。

【参照法令】 旅券法（昭和26年11月28日法律第267号）（抜粋）

（一般旅券の発給等の制限）

第13条 外務大臣（中略）は，一般旅券の発給又は渡航先の追加を受けようとする者が次の各号のいずれかに該当する場合には，一般旅券の発給又は渡航先の追加をしないことができる。

一～六 （略）

七 前各号に掲げる者を除くほか，外務大臣において，著しく，かつ，直接に日本国の利益又は公安を害する行為を行うおそれがあると認めるに足りる相当の理由がある者

2 （略）

（一般旅券の発給をしない場合等の通知）

第14条 外務大臣又は領事官は，前条の規定に基づき一般旅券の発給若しくは渡航先の追加をしないと決定したとき（中略）は，速やかに，理由を付した書面をもって一般旅券の発給又は渡航先の追加を申請した者にその旨を通知しなければならない。

□ 出題論点

本問は，最判昭60.1.22【百選Ⅰ121】を素材とする問題です。

手続違反が問題になる場合は，当該手続違反が処分の違法を構成するかについて論じることを忘れないようにしましょう。

1 問題の所在

②本問でXは，Yによる旅券の発給拒否処分の取消しを求める訴えを提起しています。また問題の前提として，③YがXの申請が旅券法第13条第1項第7号に該当するとした判断の違法性については触れる必要がありませんので，Xとしては理由付記が不十分であるという手続き上の違法を主張していくことになります。

2 理由提示の程度

①本問で外務大臣Yは，「旅券法第13条第1項第7号に該当する。」との理由を付した書面により，一般旅券を発給しない旨を通知していますが，これは理由付記の程度として十分でしょうか。

この点について，素材判例は，「一般に，法律が行政処分に理由を付記すべきものとしている場合に，どの程度の記載をなすべきかは，処分の性質と理由付記を命じた各法律の規定の趣旨・目的に照らしてこれを決定すべきである」とする一般論を前提としつつ「旅券法が……一般旅券発給拒否通知書に拒否の理由を付記すべきものとしているのは，一般旅券の発給を拒否すれば，憲法22条2項で国民に保障された基本的人権である外国旅行の自由を制限することになるため，拒否事由の有無についての外務大臣の判断の慎重と公正妥当を担保してその恣意を抑制するとともに，拒否の理由を申請者に知らせることによって，その不服申立てに便宜を与える趣旨に出たものというべきであり，このような理由付記制度の趣旨にかんがみれば，一般旅券発給拒否通知書に付記すべき理由としては，いかなる事実関係に基づきいかなる法規を適用して一般旅券の発給が拒否されたかを，申請者においてその記載自体から了知しうるものでなければならず，単に発給拒否の根拠規定を示すだけでは，それによって当該規定の適用の基礎となった事実関係をも当然知りうるような場合を別として，旅券法の要求する理由付記として十分でないといわなければならない。」とし，具体的な理由提示を要求しています。

そして，旅券法13条1項7号（当時5号）の規定は，「概括的，抽象的な規定であるため，一般旅券発給拒否通知書に同号に該当する旨付記されただけでは，申請者において発給拒否の基因となった事実関係をその記載自体から知ることはできない……。したがって，外務大臣において旅券法13条1項5号の規定を根拠に一般旅券の発給を拒否する場合には，申請者に対する通知書に同号に該当す

ると付記するのみでは足りず，いかなる事実関係を認定して申請者が同号に該当すると判断したかを具体的に記載することを要する」として，理由提示が不十分であるとしました。

　上記素材判例の判示に照らすと，本問のＹの理由提示は不十分ということになります。

3 手続の違法が処分の違法を構成するか

　理由提示に不備があるとした場合には，処分の瑕疵を構成するか否かを検討することになります。

　この点について，判例は行政手続法が制定される以前から，理由提示（付記）の不備は処分の違法を構成することを当然視してきました（前掲最判昭60.1.22【百選Ｉ121】等）。

　学説は，行政手続法が制定されたことを重くみて，同法上の重要な手続違反については，処分の瑕疵を構成するという立場が有力ですが，理由提示に関しては，判例の立場と結論において変わりません。

4 補論

　近時判例は，不利益処分の事案について，「当該処分の根拠法令の規定内容，当該処分に係る処分基準の存否及び内容並びに公表の有無，当該処分の性質及び内容，当該処分の原因となる事実関係の内容等を総合考慮してこれを決定すべきである」とした上で，当該事案においては，「処分の原因となる事実及び処分の根拠法条に加えて，本件処分基準の適用関係が示されなければ，処分の名宛人において，……いかなる理由に基づいてどのような処分基準の適用によって当該処分が選択されたのかを知ることは困難である」としました（最判平23.6.7【百選Ｉ120】）。

　この判例は，申請に対する処分についても射程が及ぶと解されています。

　そのため，同最判の「処分基準の適用関係」という部分は，審査基準（行政手続法5条）の適用関係と読むことになるでしょう。

1 「旅券法13条1項7号に該当する。」との理由の提示（旅券法14参照）が不十分ではないか

　　↓

　原則としていかなる事実関係に基づき，いかなる法規を適用して処分がなされたかを，記載自体から了知し得るものである必要がある

　　↓

　あてはめ

　　↓

2 理由提示が不十分であるという瑕疵は，処分の瑕疵を構成するか

　　↓

　理由提示が不十分である場合には，手続全体の公正を害することになる

　　↓

3 旅券発給拒否処分も違法となり，Xによる同処分の取消訴訟も認められる

1(1)　Xとしては，Yが交付した書面（旅券法14条）に記載された「旅券法第13条第1項第7号に該当する。」との理由の提示が不十分であり，その手続の違法が処分の違法を構成すると主張することが考えられる。

　　　そこで，本件で付された理由は，行政手続法上の理由提示として十分かが問題となる。　　　←論証
理由提示として十分か

(2)　一般に，法律が行政処分に理由を提示すべきものとしている場合に，どの程度の記載をなすべきかは，処分の性質と理由提示を命じた各法律の規定の趣旨・目的に照らしてこれを決定すべきである。

　　　旅券法が一般旅券発給拒否通知書に拒否の理由を提示すべきものとしているのは，一般旅券の発給を拒否すれば，憲法22条2項で国民に保障された基本的人権である外国旅行の自由を制限することになるため，拒否事由の有無についての外務大臣の判断の慎重と公正妥当を担保してその恣意を抑制するとともに，拒否の理由を申請者に知らせることによって，その不服申立てに便宜を与える趣旨に出たものである。

　　　そうだとすれば，一般旅券発給拒否通知書に提示すべき理由としては，いかなる事実関係に基づきいかなる法規を適用して一般旅券の発給が拒否されたかを，申請者においてその記載自体から了知し得るものでなければならず，単

に発給拒否の根拠規定を示すだけでは，それによって当該規定の適用の基礎となった事実関係をも当然知り得るような場合を別として，旅券法の要求する理由提示として十分でないと解すべきである。

(3)　旅券法13条1項7号は「外務大臣において，著しく，かつ，直接に日本国の利益又は公安を害する行為を行うおそれがあると認めるに足りる相当の理由がある」という概括的・抽象的な要件を定めているにとどまるから，一般旅券発給拒否通知書に同号に該当する旨記載されただけでは，申請者において発給拒否の基因となった事実関係をその記載自体から知ることはできない。　　　←あてはめ

　　　したがって，外務大臣において同号の規定を根拠に一般旅券の発給を拒否する場合には，申請者に対する通知書に同号に該当すると付記するのみでは足りず，いかなる事実関係を認定して申請者が同号に該当すると判断したかを具体的に記載することを要する。

　　　本問では，いかなる事実関係を認定して申請者が同号に該当すると判断したかを具体的に記載していないから，理由提示として不十分である。

2　では，理由提示が不十分であるという瑕疵は，処分の瑕疵を構成するか。　　　←論証
手続的瑕疵が処分の違法を構成するか

　　　この点について，理由提示の趣旨は，上記のように行政庁

の恣意抑制と不服申立ての便宜に求められる。そうだとすれ
ば，理由提示が不十分である場合は，手続全体の公正を害す
ることになり，処分の瑕疵を構成すると解すべきである。
3　したがって，本件では理由提示に不備があるので，旅券発
給拒否処分も違法となり，Xによる同処分の取消訴訟も認め
られる。

以　上

　　Xは，S国に観光へ行こうと考え，法定の手続に従い，外務大臣に対して，S国を渡航先とする一般旅券の発給を申請したところ，外務大臣Yは，「旅券法第13条第1項第7号に該当する。」との理由を付した書面により，一般旅券を発給しない旨を通知した。

　　これを不服とするXは，Yによる旅券の発給拒否処分の取消しを求める訴えを提起した。Xの請求は認められるかについて，論じなさい。

　　なお，YがXの申請が旅券法第13条第1項第7号に該当するとした判断の違法性については触れる必要がない。　＝　実体違法不要

【参照法令】

○　旅券法（昭和26年11月28日法律第267号）（抜粋）

（一般旅券の発給等の制限）

第13条　外務大臣（中略）は，一般旅券の発給又は渡航先の追加を受けようとする者が次の各号のいずれかに該当する場合には，一般旅券の発給又は渡航先の追加をしないことができる。

　　一〜六　（略）

　　七　前各号に掲げる者を除くほか，外務大臣において，著しく，かつ，直接に日本国の利益又は公安を害する行為を行うおそれがあると認めるに足りる相当の理由がある者

2　　（略）

（一般旅券の発給をしない場合等の通知）

第14条　外務大臣又は領事官は，前条の規定に基づき一般旅券の発給若しくは渡航先の追加をしないと決定したとき（中略）は，速やかに，理由を付した書面をもって一般旅券の発給又は渡航先の追加を申請した者にその旨を通知しなければならない。

1. 瑕疵の有無
   論点：理由提示の程度.
   ・理由提示自体 → あり.
      ↓ そこで
   ・不足を主張
      ↓
   どの程度いるか?
      ↓
   趣旨 (注) 法14条の問題として)
   ──「了知しうる程度.
      ⇓
   (あてはめ) = 不十分.

2. 取消事由 ~原因~ になるか
   論点：手続的瑕疵が 取消事由 ~原因~ 構成するか
      ↓
   趣旨
      ↓
   構成する
      ↓
   請求認容.

88

第1 手続的瑕疵の有無

1 本件では、Xの一般旅券発給申請に対して、旅券法（以下単に「法」という。）14条に基づき、発給（以下「本件通知」という。）理由を付した書面をもって発給しない旨の通知がされている。しかし、その理由は「旅券法第13条第1項第7号に該当する。」とのみ記載されていたのであるから、Xとしては、この理由提示が不十分であるとして、同条に本件通知が法14条に違反すると主張することが考えられる。

2 そこで、同条における「理由」とは、どの程度具体的な理由を意味しているのかが問題となる。

法のような行政手続法において、その手続に理由提示が要求されている趣旨は、理由を提示させることによって、行政庁が恣意的にその権力を行使することを抑制し、また手続後また、理由提示を受けた者の考えているその後の争訟に便宜を図るという点にある。

だとすれば、理由提示を受けた者が、どのような事実に基づいてなぜそのような決定決定がされたのかについて、書面の記載自体から了知しうる程度に具体的な提示がなければ、上記のような趣旨を全うできない。よって、その程度の提示「理由」が提示されるよう要求されていると考える。

3 本件においては、前述の通り、Xは「旅券法第13条第1項第7号」に該当する。」という理由が根拠条文のみが「理由」として記載された通知されている。また、同号の要件には、「外務大臣において、著しく、かつ、直接に日本国の利益又は公安を害する行為を行うおそれがあると認めるまでに足りる相当の理由がある」こととしか記載されていない。

そうすると、Xとしては、上記のような「理由」だけでは、自らがどのような行為を行ったと認定され、当該行為がなぜ日本の国益や公安を害すると判断されたのかについて、一切了知することができない。

よって、Xの通知された理由は、法14条にいう「理由」としては不十分なものであり、本件通知は同条に違反する。

第2 第1の瑕疵が取消事由となるか

1 では、第1の瑕疵は、本件Xに対する旅券発給処分拒否処分（以下「本件処分」という。）の取消訴訟（行政事件訴訟法3条2項）における取消事由を構成するか。処分の手続上の瑕疵が取消事由となるかという問題である。

2 この点、手続における上の瑕疵といえども、判断内容当該手続の趣旨目的に照らし、手続が判断内容の適正さ公正さを担保していると解されるにとどまらず、手続的な権利そのものを保障していると解される場合には、その瑕疵も処分の取消事由となると解すべきである。

3 本件においては、新法14条の趣旨が前述のような行政庁の恣意抑制機能及び争訟の便宜を図る機能に

あるという点からすれば、同条の内容は手続的権利として
保障されていると解さなければその趣旨が全うできない。
　よって、憲法4条違反の瑕疵は、本件処分の取消原因となる。
4　以上から、Xの請求は認められる。
　　　　　　　　　　　　　　　　　　　　　　以上

①建築業者Xは，A市内において高層マンションの建設を予定していたため，A市建築主事Yに対し，建築基準法第6条第1項に定める建築確認申請を行った。

②建築確認申請を受けたYは，建築確認の要件は満たされると判断したが，Xに対し，以前から高層マンション建設に反対している周辺住民と話し合いをするように行政指導を行い，そのため建築確認を留保した。行政指導を受けたXはその指導に従って何度か話し合いを試みたが，周辺住民は高層マンションの建設には絶対反対であるとして話し合い自体に応じようとしなかった。話し合いすら拒絶されたまま建築確認申請を行った日から4か月が経過し，建築確認を留保され続けることにより建設準備費用などが増大することを懸念したXは，建築審査会に対しYの不作為につき審査請求を行うに至った。

③Yによる建築確認の留保は適法か。

【参照法令】　建築基準法（昭和25年5月24日法律第201号）（抜粋）
（建築物の建築等に関する申請及び確認）
第6条　建築主は，第1号から第3号までに掲げる建築物を建築しようとする場合（括弧内略），これらの建築物の大規模の修繕若しくは大規模の模様替をしようとする場合又は第4号に掲げる建築物を建築しようとする場合においては，当該工事に着手する前に，その計画が建築基準関係規定（この法律並びにこれに基づく命令及び条例の規定（以下「建築基準法令の規定」という。）その他建築物の敷地，構造又は建築設備に関する法律並びにこれに基づく命令及び条例の規定で政令で定めるものをいう。以下同じ。）に適合するものであることについて，確認の申請書を提出して建築主事の確認を受け，確認済証の交付を受けなければならない。（以下略）
一～四　（略）
2・3　（略）
4　建築主事は，第1項の申請書を受理した場合においては，同項第1号から第3号までに係るものにあつてはその受理した日から35日以内に，同項第4号に係るものにあつてはその受理した日から7日以内に，申請に係る建築物の計画が建築基準関係規定に適合するかどうかを審査し，審査の結果に基づいて建築基準関係規定に適合することを確認したときは，当該申請者に確認済証を交付しなければならない。
5～9　（略）

■ 問題処理のポイント

　本問は，品川マンション事件（最判昭60.7.16【百選Ⅰ124】）を素材とする問題です。

　本論点について，結論を理解している方は多いですが，論じる場合にどんな順番で論じるのかまで意識出来ている方は少ない印象があるため，本問を通じて論述の流れを会得して頂ければと思います。

■ 答案作成の過程

1 問題の前提

　①本問で建築業者Ｘは，Ａ市内において高層マンションの建設を予定していたため，Ａ市建築主事Ｙに対し，建築基準法第6条第1項に定める建築確認申請を行っています。

　建築確認は，基本的に裁量の余地のない確認的行為の性格を有しますので（建築基準法6条4項参照），審査の結果，処分要件を具備するに至った場合には，建築主事としては速やかに確認処分を行う義務があります。

　しかし，建築主が任意に行政指導に応じている場合は，社会通念上合理的な期間建築確認を留保して，行政指導の結果を期待することは直ちに違法とはいえません。

　したがって，Ｘが任意に行政指導に応じている場合には，Ｙが行政指導の続行を理由として建築確認を留保すること自体は違法ではありません。

2 建築確認留保の適法性

1　②もっとも，Ｘは建築審査会に対して審査請求を行うに至っています。このような段階に至ってもなお，行政指導は適法であるといえるでしょうか。

　この点について，行政手続法33条が制定される前の判例は，「いったん行政指導に応じて建築主と付近住民との間に話合いによる紛争解決をめざして協議が始められた場合でも，右協議の進行状況及び四囲の客観的状況により，建築主において建築主事に対し，確認処分を留保されたままでの行政指導にはもはや協力できないとの意思を真摯かつ明確に表明し，当該確認申請に対し直ちに応答すべきことを求めているものと認められるときには，他に〔注：行政指導に対する建築主の不協力が社会通念上正義の観念に反するものといえるような〕特段の事情が存在するものと認められない限り，当該行政指導を理由に建築主に対し確認処分の留保の措置を受忍せしめることの許されない……から，それ以後の右行政指導

を理由とする確認処分の留保は，違法となる……。」としました。

2　素材判例を受けて制定された行政手続法33条は，申請者が行政指導に従う意思がないことを表明したにもかかわらず行政指導を継続して申請者の権利の行使を妨げてはならない旨を規定しています。

　同条は，素材判例にある ⅰ 真摯かつ明確，ⅱ 行政指導に対する建築主の不協力が社会通念上正義の観念に反するものといえるような特段の事情が存在するものと認められない限り留保が違法となるという表現はありませんが，同条が素材判例を受けて制定された経緯があるため，解釈をする際には，素材判例を意識した解釈をするほうがよいでしょう。

3　あてはめ

　この点につき本問をみると，ⅩがＹの不作為につき審査請求の申立てを行ったことをもって，Ⅹは，行政指導に協力しない旨を真摯かつ明確に表明し，申請に直ちに応答すべきことを求めているといえます。

　また，Ⅹの周辺住民との話し合いの経過や建築確認の留保によってⅩが受ける不利益を考慮すれば，Ⅹの不協力が社会通念上正義の観念に反するものであるとはいえません。

　したがって，Ｙによる建築確認の留保は，審査請求がなされた時点以降については，違法といえます。

Ⅱ
行政作用法　▼　第10問

■答案構成

　1　建築確認は，基本的に裁量の余地のない確認的行為の性格を有する

　　建築主が任意に行政指導に応じている場合は，社会通念上合理的な期間建築確認を留保して，行政指導の結果を期待することは直ちに違法とはいえない

　2　しかし，行政手続法33条

　　行政指導に協力できない旨の意思を真摯かつ明確に表明し，申請に対し直ちに応答すべきことを求めているものと認められる場合は，建築主の不協力が社会通念上正義の観念に反するなどの事情がない限り，建築確認の留保は違法になる

　3　あてはめ

　　Ｙによる建築確認の留保は，審査請求がなされた時点以降については，違法

1　建築確認は，建築主事が当該確認申請について行う確認処分自体は基本的に裁量の余地のない確認的行為の性格を有する（建築基準法6条4項参照）から，審査の結果，処分要件を具備するに至った場合には，建築主事としては速やかに確認処分を行う義務がある。　　　　　　　　　　　　←建築確認の性質

　　しかし，建築主が任意に行政指導に応じている場合は，社会通念上合理的な期間建築確認を留保して，行政指導の結果　　←建築確認と行政指導の関係
を期待することは直ちに違法とはいえない。

　　したがって，Xが任意に行政指導に応じている場合には，Yが行政指導の続行を理由として建築確認を留保すること自体は違法ではないと解される。

2(1)　もっとも，Xは建築審査会に対して審査請求を行うに至　　←論証
っている。このような段階に至ってもなお，行政指導は適法であるといえるか。

(2)　この点について，行政手続法33条は，申請者が行政指導に従う意思がないことを表明したにもかかわらず行政指導を継続して申請者の権利の行使を妨げてはならない旨を規定している。

　　すなわち，建築確認の留保は，建築主の任意の協力・服従のもとに行政指導が行われていることに基づく事実上の措置にとどまるのであるから，行政指導に協力できない旨の意思を真摯かつ明確に表明し，申請に対し直ちに応答す

べきことを求めているものと認められる場合は，建築主の不協力が社会通念上正義の観念に反するなどの事情がない限り，建築確認の留保は違法になると解するべきである。

3　この点につき本問をみると，XがYの不作為につき審査請　　←あてはめ
求の申立てを行ったことをもって，Xは，行政指導に協力しない旨を真摯かつ明確に表明し，申請に直ちに応答すべきことを求めているといえる。

　　また，Xの周辺住民との話し合いの経過や建築確認の留保によってXが受ける不利益を考慮すれば，Xの不協力が社会通念上正義の観念に反するものであるとはいえない。

　　したがって，Yによる建築確認の留保は，審査請求がなされた時点以降については，違法である。

　　　　　　　　　　　　　　　　　　　　　以　　上

　建築業者Xは，A市内において高層マンションの建設を予定していたため，A市建築主事Yに対し，建築基準法第6条第1項に定める建築確認申請を行った。

　建築確認申請を受けたYは，建築確認の要件は満たされると判断したが，Xに対し，以前から高層マンション建設に反対している周辺住民と話し合いをするように行政指導を行い，そのため建築確認を留保した。行政指導を受けたXはその指導に従って何度か話し合いを試みたが，周辺住民は高層マンションの建設には絶対反対であるとして話し合い自体に応じようとしなかった。話し合いすら拒絶されたまま建築確認申請を行った日から4か月が経過し，建築確認を留保され続けることにより建設準備費用などが増大することを懸念したXは，建築審査会に対しYの不作為につき審査請求を行うに至った。

　Yによる建築確認の留保は適法か。

【参照法令】
○　建築基準法（昭和25年5月24日法律第201号）（抜粋）
（建築物の建築等に関する申請及び確認）
第6条　建築主は，第1号から第3号までに掲げる建築物を建築しようとする場合（括弧内略），これらの建築物の大規模の修繕若しくは大規模の模様替をしようとする場合又は第4号に掲げる建築物を建築しようとする場合においては，当該工事に着手する前に，その計画が建築基準関係規定（この法律並びにこれに基づく命令及び条例の規定（以下「建築基準法令の規定」という。）その他建築物の敷地，構造又は建築設備に関する法律並びにこれに基づく命令及び条例の規定で政令で定めるものをいう。以下同じ。）に適合するものであることについて，確認の申請書を提出して建築主事の確認を受け，確認済証の交付を受けなければならない。（以下略）
　一〜四　　（略）
2・3　　（略）
④　建築主事は，第1項の申請書を受理した場合においては，同項第1号から第3号までに係るものにあつてはその受理した日から35日以内に，同項第4号に係るものにあつてはその受理した日から7日以内に，申請に係る建築物の計画が建築基準関係規定に適合するかどうかを審査し，審査の結果に基づいて建築基準関係規定に適合することを確認したときは，当該申請者に確認済証を交付しなければならない。
5〜9　　（略）

建築確認の留保は違法か?

↓

建基法6-4より、35日以内に審査しないのは、
違法となる
→ 本件では既に4ヶ月経過

↓

直ちに違法…。

↓

しかし、任意に、留保の行政指導に従っているので
あれば、違法ではない。

↓

但し、行手法33条が。

→ 申請者が従う意思ないことを表明した時点で
それ以降の行政指導は違法となる。

↓

但し、例外的に、対象者が受ける不利益に比して、
行政指導が目的とする公益上の必要性が極めて
大きいといった、特段の事情があれば、適法である

↓

Xの不利益、極めて大きいので 違法。

1　建築基準法6条4項によると、建築主事は、建築確認の申請書を受理した日から35日以内に審査をしなければならない。よって、申請から4ヶ月以上が経過している本件で、Yに建築確認の留保は、違法となるのと考えるのが素直である。

2　しかし、Xが周辺住民と話し合う旨の行政指導に任意に従っている場合には、建築確認の留保は適法である。

　では、Xは、Yの行政指導に任意に従っているか。行政手続法33条は、申請者が行政指導に従う意思がない旨を表明した時点以降の行政指導を違法とする旨規定する。　（留保）

　したがって、Xが建築審査会に対しYの不作為につき審査請求をした時点で、Yの行政指導に従う意思がない旨を表明したといえ、この時点以降の留保は違法となる。

3　但し、申請者が受ける不利益に比して、行政指導の目的である公益上の必要性が極めて大きいといった特段の事情が認められる場合には、例外的に適法とすると解釈する。

　行政指導の目的は多様であり、申請者が受ける利益が軽微であるにもかかわらず、不服従の意思

表明さえすれば、指導を免れることができるとすることは、社会通念上正義に反するからである。行政手続法33条も、このような場合にまで留保を違法とする趣旨ではない。

4　本件では、Yの行政指導の目的は、高層マンションの建設について周辺住民の納得を得ることであり、公益上の必要性が低いとはいえないが、生命・身体といった要保護性が極めて大きい利益の保護ではない。また、Xは、何度か周辺住民との話し合いを試みているものの、周辺住民が拒否しており、Xに帰責性がある訳ではない。

　一方で、申請から4ヶ月が経過し、建設準備費用が増大するという不利益がXには生じている。建設が長引けば、信用を失いかねず、重大なる損害が生じることにもつながる。

　したがって、Xの不利益に比して、公益上の必要性が極めて大きいとは言えず、原則通り、Yによる建築確認の留保は違法である。

以上

Ⅲ 行政救済法

①法務省に勤務するＸは，平成24年７月１日，受刑者に対して暴行を加えたという理由で，法務大臣から停職６月とする旨の懲戒処分（以下「本件懲戒処分」という。）を受けたが，これに納得がいかなかったことから，人事院に審査請求をした。

②これに対して，人事院は，平成25年１月14日付けで，本件懲戒処分を６月間俸給月額10分の１の減給処分に修正する旨の判定（以下「本件修正裁決」という。）をした。

③Ｘは，受刑者に対する暴行の事実自体を否認しており，本件修正裁決にも不満をもっているため，取消訴訟を提起しようと考えている。

④国家公務員法（以下「法」という。）によれば，職員は，懲戒処分等，法89条１項所定の処分を受けたときは，人事院に対して審査請求をすることができ（法90条），人事院が審査請求を受理したときは，人事院又はその定める機関においてその事案を調査し（法91条），その調査の結果，処分を行うべき事由のあることが判明したときは，人事院は，その処分を承認し，又はその裁量により修正しなければならず（法92条１項），また，調査の結果，その職員に処分を受けるべき事由のないことが判明したときは，人事院は，その処分を取り消し，職員としての権利を回復するために必要で，かつ適切な処置をし，及びその職員がその処分によって受けた不当な処置を是正しなければならないものとされている（法92条２項）。

⑤以上の事案において，Ｘがいかなる取消訴訟を提起するべきであるかについて，検討しなさい。

【参照法令】 国家公務員法（昭和22年10月21日法律第120号）（抜粋）
（懲戒の場合）
第82条 職員が，次の各号のいずれかに該当する場合においては，これに対し懲戒処分として，免職，停職，減給又は戒告の処分をすることができる。
2 （略）
（審査請求）
第90条 前条第１項に規定する処分を受けた職員は，人事院に対してのみ審査請求をすることができる。
2，3 （略）

（調査）

第91条　第90条第1項に規定する審査請求を受理したときは，人事院又はその定める機関は，直ちにその事案を調査しなければならない。

2～4　（略）

（調査の結果採るべき措置）

第92条　前条に規定する調査の結果，処分を行うべき事由のあることが判明したときは，人事院は，その処分を承認し，又はその裁量により修正しなければならない。

2　前条に規定する調査の結果，その職員に処分を受けるべき事由のないことが判明したときは，人事院は，その処分を取り消し，職員としての権利を回復するために必要で，且つ，適切な処置をなし，及びその職員がその処分によつて受けた不当な処置を是正しなければならない。人事院は，職員がその処分によつて失つた俸給の弁済を受けるように指示しなければならない。

3　（略）

□ 出題論点

□ 問題処理のポイント

　本問は，最判昭62.4.21【百選Ⅱ138】を素材とする問題です。修正裁決がなされた場合に，原処分と裁決のいずれを対象として，取消訴訟を提起するべきかが問題となります。

　原処分主義と修正裁決の問題は平成19年の新司法試験でも出題されていますので，本問を通じて学習して頂ければと思います。

□ 答案作成の過程

1　問題の所在

　①本問でXは，受刑者に対して暴行を加えたという理由で，法務大臣から停職6月とする旨の本件懲戒処分を受けましたが，それに納得がいかなかったため，人事院に審査請求をしています。

　②これに対して人事院は，本件懲戒処分を6月間俸給月額10分の1の減給処分に修正する旨の本件修正裁決をしました。

　③Xは，受刑者に対する暴行の事実自体を否認しており，本件修正裁決にも不満をもっているため，取消訴訟を提起しようと考えています。

この場合，Xとしては，原処分と修正裁決いずれの取消訴訟を提起すべきでしょうか。

ここで，修正裁決により原処分である懲戒処分は一体として消滅し，人事院による新たな懲戒処分がされたと考えると，本件修正裁決の取消訴訟を提起することになります。

一方，原処分がいまだ存続していると考えると，修正裁決の取消訴訟では，懲戒処分自体の違法を主張できません（行政事件訴訟法10条2項）。この場合，暴行の事実を否定し，処分要件の有無自体を争う場合には，本件懲戒処分の取消訴訟を提起することになります。

では，原処分である本件懲戒処分は，本件修正裁決により消滅しているでしょうか。

2 国家公務員法の仕組み

1 国家公務員法によれば，職員は，懲戒処分等，法89条1項所定の処分を受けたときは，人事院に対して審査請求をすることができ（法90条），人事院が審査請求を受理したときは，人事院又はその定める機関においてその事案を調査し（法91条），その調査の結果，処分を行うべき事由のあることが判明したときは，人事院は，その処分を承認し，又はその裁量により修正しなければならず（法92条1項），また，調査の結果，その職員に処分を受けるべき事由のないことが判明したときは，人事院は，その処分を取り消し，職員としての権利を回復するために必要で，かつ適切な処置をし，及びその職員がその処分によって受けた不当な処置を是正しなければならないものとされています（法92条2項）。

2 以上の規定からすれば，法は，懲戒処分等の法89条1項所定の処分に対する審査請求の審査については，処分権者が職員に一定の処分事由が存在するとして処分権限を発動したことの適法性及び妥当性の審査と，当該処分事由に基づき職員に対しいかなる法律効果を伴う処分を課するかという処分の種類及び量定の選択，決定に関する適法性及び妥当性の審査とを分けて考えていると解することができます。

そして，当該処分につき処分権限を発動すべき事由が存在すると認める場合には，処分権者の処分権限発動の意思決定そのものについてはこれを承認した上，処分権者が選択，決定した処分の種類及び量定の面について，その適法性及び妥当性を判断し，人事院の裁量によって，以上の点に関する処分権者の意思決定の内容に変更を加えることができるものとし，これを処分の「修正」という用語で表現しています。

3 修正裁決により原処分が消滅するか

そうすると，懲戒処分につき人事院の修正裁決があった場合に，それにより懲

戒権者の行った原処分である懲戒処分が一体として取り消されて消滅し，人事院において新たな内容の懲戒処分をしたものと考えるべきではなく，修正裁決は，原処分を行った懲戒権者の懲戒権の発動に関する意思決定を承認し，これに基づく原処分の存在を前提とした上で，原処分の法律効果の内容を一定の限度のものに変更する効果を生ぜしめるにすぎないものであり，これにより，原処分は，当初から修正裁決による修正どおりの法律効果を伴う懲戒処分としていたものとみなされることになります。

4 **結論**

よって，原処分は存続しているため，Xは，原処分（本件懲戒処分）の取消訴訟を提起すべきです。

■ 答案構成

1 本件懲戒処分の取消訴訟と本件修正裁決の取消訴訟のいずれかを提起

2 原処分主義と裁決主義

原処分主義

原処分は，当初から修正裁決による修正どおりの法律効果を伴う懲戒処分としていたものとみなされる

3 本件懲戒処分の取消訴訟を提起すべき

1　Xとしては，本件懲戒処分の取消訴訟と本件修正裁決の取消訴訟のいずれかを提起することが考えられる。

2(1)　ここで，修正裁決により原処分である懲戒処分は一体として消滅し，人事院による新たな懲戒処分がされたと考えると，本件修正裁決の取消訴訟を提起することになる。　　　　　　　　　　　　　　　　　　　　　　　　　　　　←問題の所在

　　　一方，原処分がいまだ存続していると考えると，修正裁決の取消訴訟では，懲戒処分自体の違法を主張できない（行政事件訴訟法10条2項）。この場合，暴行の事実を否定し，処分要件の有無自体を争う意思のあるXとしては，本件懲戒処分の取消訴訟を提起するものと思われる。

(2)ア　では，原処分である本件懲戒処分は，本件修正裁決により消滅しているのか。

　イ　法によれば，職員は，懲戒処分等，法89条1項所定の←国家公務員法の仕組み処分を受けたときは，人事院に対して審査請求をすることができ（法90条），人事院が審査請求を受理したときは，人事院又はその定める機関においてその事案を調査し（法91条），その調査の結果，処分を行うべき事由のあることが判明したときは，人事院は，その処分を承認し，又はその裁量により修正しなければならず（法92条1項），また，調査の結果，その職員に処分を受けるべき事由のないことが判明したときは，人事院は，その処分を取り消し，職員としての権利を回復するために必要で，

かつ適切な処置をし，及びその職員がその処分によって受けた不当な処置を是正しなければならないものとされている（法92条2項）。

　ウ　以上の規定からすれば，法は，懲戒処分等の法89条1項所定の処分に対する審査請求の審査については，処分権者が職員に一定の処分事由が存在するとして処分権限を発動したことの適法性及び妥当性の審査と，当該処分事由に基づき職員に対しいかなる法律効果を伴う処分を課するかという処分の種類及び量定の選択，決定に関する適法性及び妥当性の審査とを分けて考えていると解することができる。

　　　そして，当該処分につき処分権限を発動すべき事由が存在すると認める場合には，処分権者の処分権限発動の意思決定そのものについてはこれを承認した上，処分権者が選択，決定した処分の種類及び量定の面について，その適法性及び妥当性を判断し，人事院の裁量によって，以上の点に関する処分権者の意思決定の内容に変更を加えることができるものとし，これを処分の「修正」という用語で表現しているものと解するのが相当である。

　エ　そうすると，懲戒処分につき人事院の修正裁決があっ←論証た場合に，それにより懲戒権者の行った原処分である懲戒処分が一体として取り消されて消滅し，人事院におい

て新たな内容の懲戒処分をしたものと解するのは相当で
　　なく，修正裁決は，原処分を行った懲戒権者の懲戒権の
　　発動に関する意思決定を承認し，これに基づく原処分の
　　存在を前提とした上で，原処分の法律効果の内容を一定
　　の限度のものに変更する効果を生ぜしめるにすぎないも
　　のであり，これにより，原処分は，当初から修正裁決に
　　よる修正どおりの法律効果を伴う懲戒処分としていたも
　　のとみなされることになるものと解すべきである。
　(3)　よって，原処分は存続しているのであるから，原告は，
　　原処分の取消訴訟を提起すべきである。
　3　以上から，Xは本件懲戒処分の取消訴訟を提起すべきであ　←結論
　　る。

　　　　　　　　　　　　　　　　　　　　　　　　以　　上

　法務省に勤務するXは，平成24年7月1日，受刑者に対して暴行を加えたという理由で，法務大臣から停職6月とする旨の懲戒処分（以下「本件懲戒処分」という。）を受けたが，これに納得がいかなかったことから，人事院に審査請求をした。

　これに対して，人事院は，平成25年1月14日付けで，本件懲戒処分を6月間俸給月額10分の1の減給処分に修正する旨の判定（以下「本件修正裁決」という。）をした。

　Xは，受刑者に対する暴行の事実自体を否認しており，本件修正裁決にも不満をもっているため，取消訴訟を提起しようと考えている。

　国家公務員法（以下「法」という。）によれば，職員は，懲戒処分等，法89条1項所定の処分を受けたときは，人事院に対して審査請求をすることができ（法90条），人事院が審査請求を受理したときは，人事院又はその定める機関においてその事案を調査し（法91条），その調査の結果，処分を行うべき事由のあることが判明したときは，人事院は，その処分を承認し，又はその裁量により修正しなければならず（法92条1項），また，調査の結果，その職員に処分を受けるべき事由のないことが判明したときは，人事院は，その処分を取り消し，職員としての権利を回復するために必要で，かつ適切な処置をし，及びその職員がその処分によって受けた不当な処置を是正しなければならないものとされている（法92条2項）。

　以上の事案において，Xがいかなる取消訴訟を提起するべきであるかについて，検討しなさい。

【参照法令】
○　国家公務員法（昭和22年10月21日法律第120号）（抜粋）
（懲戒の場合）
第82条　職員が，次の各号のいずれかに該当する場合においては，これに対し懲戒処分として，免職，停職，減給又は戒告の処分をすることができる。
2　（略）
（審査請求）
第90条　前条第1項に規定する処分を受けた職員は，人事院に対してのみ審査請求をすることができる。
2，3　（略）
（調査）
第91条　第90条第1項に規定する審査請求を受理したときは，人事院又はその定める機関は，直ちにその事案を調査しなければならない。
2〜4　（略）
（調査の結果採るべき措置）
第92条　前条に規定する調査の結果，処分を行うべき事由のあることが判明したときは，人事院は，その処分を承認し，又はその裁量により修正しなければならない。
2　前条に規定する調査の結果，その職員に処分を受けるべき事由のないことが判明したときは，人事院は，その処分を取り消し，職員としての権利を回復するために必要で，且つ，適切な処置をなし，及びその職員がその処分によって受けた不当な処置を是正しなければならない。人事院は，職員がその処分によって失った俸給の弁済を受けるように指示しなければならない。
3　（略）

問題点説明
　↓
論点：原処分主義と裁決主義
　　　（本件に即して書く）
　↓
・法の仕組み説明
・文言指摘
　↓
原処分の取消訴訟.

1　Xは、法務大臣から原処分である本件懲戒処分（国家公務員法（以下単に「法」という。）82条1項）を受け、他方で、人事院から本件修正裁決（法92条1項）を受けている。いずれについての取消訴訟（行政事件訴訟法（以下法令名省略。）3条2項又は同条3項）を提起すべきか。

2(1)これはつまり、本件修正裁決によって原処分たる本件懲戒処分が消滅するという法的な仕組みになっているかという問題である。消滅するのであれば、本件修正裁決に対して取消訴訟を提起せざるを得ないし、存続するのであれば、本件懲戒処分の違法性を争うためには本件同処分の取消訴訟を提起することになる（10条2項）。

(2)　法においては、懲戒処分を受けた（法82条1項）後、審査請求を人事院に対して行うと（法90条1項）その事案の調査が始まり（法91条1項）。その結果「処分を行うべき事由のあることが判明したとき」には「処分を承認」するか「修正」することとされ、「処分を受けるべき事由のないことが判明したとき」は「処分を取り消す」こととされている（法92条1項及び2項）。この規定の主旨方からすると、後者の場合には「処分を取り消」して消滅させるのに対して、前者の場合には

あくまで原処分である懲戒処分の存在を前提としてその効果を内容を「修正」するものであると認める。

(3)　よって、本件修正裁決がなされてもなお本件懲戒処分は存続するのであり、同処分の違法性を主張するためには同処分の取消訴訟を提起しなければならない。

　Xは、受刑者に対する暴行の事実自体を否認しているのだから、前提としての本件懲戒処分の違法性を主張する必要があり、同処分の取消訴訟を提起すべきである。

以上.

　①児童福祉法は，保護者の労働又は疾病等の事由により，児童の保育に欠けるところがある場合において，その児童の保護者から入所を希望する保育所等を記載した申込書を提出しての申込みがあったときは，希望児童の全てが入所すると適切な保育の実施が困難になるなどのやむを得ない事由がある場合に入所児童を選考することができること等を除けば，その児童を当該保育所において保育する義務を市町村に課している（平成24年8月22日法第67号による改正前の第24条第1項ないし第3項）。そして，保育所の利用関係は保育の実施期間を定めて設定されるのが通常であり，児童が特定の保育所に入所すれば，保育の実施の解除がされない限り，保育の実施期間が満了するまで継続する。

　②Y市は，保育ニーズの柔軟化のためには，Y市の保有する保育所の一部を民営化させるのが適当であると判断し，平成25年12月10日，Y市保育所条例（以下「本件条例」という。）の一部を改正する条例（以下「本件改正」という。）を制定した。

　③本件改正は，具体的には，本件条例の市立保育所の記載部分から，民営化の対象となるA保育所の名前を削除するというものである。平成26年4月1日，本件改正条例は施行され，A保育所は，社会福祉法人が運営する認可保育所として引き継がれた。なお，この引継ぎに関する具体的な手続等については，本件改正には，何らの規定もない。

　④A保育所で保育を受けていた児童及びその保護者であるXら（いずれも保育所の利用に当たり，保育の実施期間を定めた者である。）は，本件改正は違法であるとし，本件改正を取り消す旨の取消訴訟を提起した（以下「本件訴訟」という。）。

　⑤以上の事実を前提に，本件改正が「処分」（行政事件訴訟法第3条第2項）といえるのかについて，論じなさい。なお，公の施設である保育所を廃止するのは，市町村長の担任事務であるが（地方自治法第149条第7号），これについては条例をもって定めることが必要とされている（同法第244条の2）。

出題論点

・処分性 ……………………………………………………………… **A**

本問は，最判平21.11.26【百選Ⅱ204】を素材として，条例制定行為の処分性を問う問題です。

処分性の有無を判断するためには，個別法の仕組みを読み解く必要がありますので，本問を通じて，個別法の読み解き方（解釈の仕方）を身に着けて頂ければと思います。

1 問題の所在

④本問でXらは，本件改正は違法であるとし，本件改正の取消訴訟を提起しました。

⑤問いとしては，本件改正が「処分」（行政事件訴訟法3条2項）といえるかという点に限定されていますので，解答としては本件改正の処分性の有無を論じれば足ります。

2 条例制定行為の処分性

判例によれば，「処分」（行政事件訴訟法3条2項）とは，「ⅰ公権力の主体たる国または公共団体が行う行為のうち，ⅱその行為によって，直接国民の権利義務を形成しまたはその範囲を確定することが法律上認められているものをいう」（最判昭39.10.29【百選Ⅱ148】）とされています。

しかし，近時の判例は，立法者意思，紛争の成熟性，国民の実効的権利救済などの様々な観点を考慮に入れて，処分性の認定を柔軟に行っています。

本問で問題となる条例制定行為の処分性については，その一般性，抽象性ゆえに，「その行為によって，直接国民の権利義務を形成し又はその範囲を確定することが法律上認められているもの」には当たらないため，処分性が認められないのが原則です。

最判平18.7.14も，「本件改正条例は，旧高根町が営む簡易水道事業の水道料金を一般的に改定するものであって，そもそも限られた特定の者に対してのみ適用されるものではなく，本件改正条例の制定行為をもって行政庁が法の執行として行う処分と実質的に同視することはできないから，本件改正条例の制定行為は，抗告訴訟の対象となる行政処分には当たらない……。」と判示し，条例制定行為の処分性を否定しました。

同最判は，一般論として条例制定行為の処分性を否定しましたが，条例制定行為が「行政庁が法の執行として行う処分と実質的に同視」できる場合には処分性が肯定される余地を認めています。

そのため，本件改正が「行政庁が法の執行として行う処分と実質的に同視」す

ることができるかを検討することになります。

3 あてはめ

1 ⅰについて（公権力性）

　②まず，本件改正は，Ｙ市という地方公共団体が一方的判断に基づいて行うものであるから，ⅰの要件を満たします。

2 ⅱについて（直接・具体的法効果）

(1)ア　処分性が認められるためには，上記ⅱとの関係で，本件改正が，Ｘらの法的地位に直接的な影響を与える必要があります。その前提として，保育所で現に保育を受けている児童およびその保護者に対して，当該保育所で保育を受ける利益が法的利益として保障されているといえるかを検討する必要があります。

　イ　この点については，個別法（本問であれば児童福祉法）を解釈して，結論を出す必要があります。受験生からすれば，いきなり個別法の解釈をしなさいと言われても難しいと思いますし，それは当然の感覚です。そのため受験生としては，判例をお手本にして，どのような手法で個別法解釈をするのかを学んでほしいと思います。

　ウ　児童福祉法24条1項ないし3項の趣旨は，女性の社会進出や就労形態の多様化に伴って，乳児保育や保育時間の延長を始めとする多様なサービスの提供が必要となった状況を踏まえ，その保育所の受入れ能力がある限り，希望どおりの入所を図らなければならないこととして，保護者の選択を制度上保障したことにあると解されます。

　　そして，保育所の利用関係は保護者の選択に基づき保育所及び保育の実施期間を定めて設定されるものであり，保育の実施の解除がされない限り，保育の実施期間が満了するまで継続するものであるといえます。

　　そうすると，特定の保育所で現に保育を受けている児童及びその保護者は，保育の実施期間が満了するまでの間は当該保育所における保育を受けることを期待し得る法的地位を有するものということができます。

(2)　そして，公の施設である保育所を廃止するのは，市町村長の担任事務なのですが（地方自治法149条7号），これについては条例をもって定めることが必要とされています（同法244条の2）。これは条例の形式をとっていますが，本件各保育所の廃止のみを内容とするものであって，他に行政庁の処分を待つことなく，その施行により各保育所廃止の効果を発生させ，当該保育所に現に入所中の児童及び保護者という限られた特定の者らに対して影響を与えるものであるといえます。

(3)　以上からすれば，本件改正条例は，本件各保育所の廃止のみを内容とするものであって，他に行政庁の処分を待つことなく，その施行により各保育所廃止

の効果を発生させ，当該保育所に現に入所中の児童及びその保護者という限られた特定の者らに対して，直接，当該保育所において保育を受けることを期待し得る上記の法的地位を奪う結果を生じさせるものであるから，その制定行為は，行政庁の処分と実質的に同視し得るものということができるため，ⅱの要件も充足します。

3 実効的権利救済

また素材判例は，「市町村の設置する保育所で保育を受けている児童又はその保護者が，当該保育所を廃止する条例の効力を争って，当該市町村を相手に当事者訴訟ないし民事訴訟を提起し，勝訴判決や保全命令を得たとしても，これらは訴訟の当事者である当該児童又はその保護者と当該市町村との間でのみ効力を生ずるにすぎないから，これらを受けた市町村としては当該保育所を存続させるかどうかについての実際の対応に困難を来すことにもなり，処分の取消判決や執行停止の決定に第三者効（行政事件訴訟法32条）が認められている取消訴訟において当該条例の制定行為の適法性を争い得るとすることには合理性がある。」という点も処分性を肯定する根拠としています。

この点は，上記，実効的な権利救済という観点を取り入れた部分と考えてよいでしょう。

4 以上より本件改正は「処分」ということができます。

1 処分性

↓

「処分」（行訴3Ⅱ）とは，行政行為，すなわち公権力の主体たる国又は公共団体が行う行為のうち（①公権力性），その行為によって，直接国民の権利義務を形成し，又はその範囲を確定することが法律上認められているもの（②直接・具体的法効果性）である

↓

2 条例の制定であっても，処分と実質的に同視することができるものについては，例外的に「処分」に当たる

↓

3 あてはめ

↓

処分の取消判決や執行停止の決定に第三者効（行訴32）が認められている取消訴訟において当該条例の制定行為の適法性を争い得るとすることには合理性あり

↓ 以上より

4 本件改正の処分性は認められる

1 「処分」(行政事件訴訟法(以下,法令名省略。)3条2項)
とは,行政行為,すなわち公権力の主体たる国又は公共団体
が行う行為のうち(①公権力性),その行為によって,直接
国民の権利義務を形成し,又はその範囲を確定することが法
律上認められているもの(②直接・具体的法効果性)である
のが原則である。 ←──論証

　しかし,今日における行政主体と国民との関わり合いは従
来想定されていた単純なものにとどまらない。したがって,
上記基準を基本としつつも,紛争の成熟性,国民の実効的権
利救済などの様々な観点を考慮に入れて,処分性を判定すべ
きであると考える。

2(1)　まず,本件改正は,Y市という地方公共団体が一方的判
断に基づいて行うものであるから,①の要件を満たす。 ←──①要件について

(2)　次に,②であるが,原則として,条例は,一般性・抽象 ←──②要件について
性を有するため,その改正についても,直接・具体的法効 ←──条例制定行為は,原則とし
果は生じない。 て②の要件を満たさないこ
とを説明

　もっとも,条例の制定であっても,処分と実質的に同視 ←──例外的に処分性が認められ
することができるものについては,例外的に「処分」に当 る場合
たる。また,この点の検討に当たっては,国民の実効的権
利救済の観点から,その制定行為の適法性を取消訴訟にお
いて争い得るとすることに合理性があるか否かという観点
も加味すべきである。

3(1)　そこで,検討するに,市町村は,保護者の労働又は疾病
等の事由により,児童の保育に欠けるところがある場合に
おいて,その児童の保護者から入所を希望する保育所等を
記載した申込書を提出しての申込みがあったときは,希望
児童の全てが入所すると適切な保育の実施が困難になるな
どのやむを得ない事由がある場合に入所児童を選考するこ
とができること等を除けば,その児童を当該保育所におい
て保育しなければならないとされている(児童福祉法24条
1項ないし3項)。

　かかる規定の趣旨は,女性の社会進出や就労形態の多様
化に伴って,乳児保育や保育時間の延長を始めとする多様
なサービスの提供が必要となった状況を踏まえ,その保育
所の受入れ能力がある限り,希望どおりの入所を図らなけ
ればならないこととして,保護者の選択を制度上保障した
ことにあると解される。そして,保育所の利用関係は保護
者の選択に基づき保育所及び保育の実施期間を定めて設定
されるものであり,保育の実施の解除がされない限り,保
育の実施期間が満了するまで継続するものである。そうす
ると,特定の保育所で現に保育を受けている児童及びその
保護者は,保育の実施期間が満了するまでの間は当該保育
所における保育を受けることを期待し得る法的地位を有す ←──法的地位への直接的な影響
るものということができる。

(2) そして，公の施設である保育所を廃止するのは，市町村長の担任事務であるが（地方自治法149条7号），これについては条例をもって定めることが必要とされている（同法244条の2）。 ←特定の者に対する適用になっている点

　以上からすれば，本件改正条例は，本件各保育所の廃止のみを内容とするものであって，他に行政庁の処分を待つことなく，その施行により各保育所廃止の効果を発生させ，当該保育所に現に入所中の児童及びその保護者という限られた特定の者らに対して，直接，当該保育所において保育を受けることを期待し得る上記の法的地位を奪う結果を生じさせるものであるから，その制定行為は，行政庁の処分と実質的に同視し得るものということができる。

　したがって，②の要件を満たす。

(3) また，市町村の設置する保育所で保育を受けている児童又はその保護者が，当該保育所を廃止する条例の効力を争って，当該市町村を相手に当事者訴訟ないし民事訴訟を提起し，勝訴判決や保全命令を得たとしても，これらは訴訟の当事者である当該児童又はその保護者と当該市町村との間でのみ効力を生ずるにすぎないから，これらを受けた市町村としては当該保育所を存続させるかどうかについての実際の対応に困難を来すことにもなり，処分の取消判決や執行停止の決定に第三者効（32条1項）が認められている ←実効的な権利救済

取消訴訟において当該条例の制定行為の適法性を争い得るとすることには合理性がある。

4　以上より，本件改正は「処分」といえる。

以　上

児童福祉法は，保護者の労働又は疾病等の事由により，児童の保育に欠けるところがある場合において，その児童の保護者から入所を希望する保育所等を記載した申込書を提出しての申込みがあったときは，希望児童の全てが入所すると適切な保育の実施が困難になるなどのやむを得ない事由がある場合に入所児童を選考することができること等を除けば，その児童を当該保育所において保育する義務を市町村に課している（平成24年8月22日法第67号による改正前の第24条第1項ないし第3項）。そして，保育所の利用関係は保育の実施期間を定めて設定されるのが通常であり，児童が特定の保育所に入所すれば，保育の実施の解除がされない限り，保育の実施期間が満了するまで継続する。

　Y市は，保育ニーズの柔軟化のためには，Y市の保有する保育所の一部を民営化させるのが適当であると判断し，平成25年12月10日，Y市保育所条例（以下「本件条例」という。）の一部を改正する条例（以下「本件改正」という。）を制定した。

　本件改正は，具体的には，本件条例の市立保育所の記載部分から，民営化の対象となるA保育所の名前を削除するというものである。平成26年4月1日，本件改正条例は施行され，A保育所は，社会福祉法人が運営する認可保育所として引き継がれた。なお，この引継ぎに関する具体的な手続等については，本件改正には，何らの規定もない。

　A保育所で保育を受けていた児童及びその保護者であるXら（いずれも保育所の利用に当たり，保育の実施期間を定めた者である。）は，本件改正は違法であるとし，本件改正を取り消す旨の取消訴訟を提起した（以下「本件訴訟」という。）。

　以上の事実を前提に，本件改正が「処分」（行政事件訴訟法第3条第2項）といえるのかについて，論じなさい。なお，公の施設である保育所を廃止するのは，市町村長の担任事務であるが（地方自治法第149条第7号），これについては条例をもって定めることが必要とされている（同法第244条の2）。

Ⅲ　行政救済法 ▼ 第12問

117

処分性
① 公権力性
　　→ ○
② 外部性
　　→ ○
③ 法効果性
　　→ 問題
④ 直接性
　　→ 問題

③→ A保育所に子を入れる
　　利益があるのか？
　　　→ 児童福祉法の解釈
④→ 条例…。
　　→ 利益を有する者の範囲
　　③の
　　→ 行政訴訟により争わせる
　　ことのメリット。

1　「処分」(行政事件訴訟法3条2項)とは、公権力の主体たる国又は公共団体の行う行為であって、その行為により、直接国民の権利義務を形成し、又はその範囲を確定することが法律上認められているものをいうと解する。

　すなわち、①公権力性、②外部性、③法効果性、④直接性が必要となる。①から④の充足性について以下、検討する。

2　①について検討する。

　①は、法が認めた優越的地位から一方的に行うことを指す。本件改正は、地方自治法149条7号及び244条の2が認めた優越的な地位から国民の承諾を要することなく、一方的に行われる性質のものであるから、①は充足する。

3　②について検討する。

　②は、行政機関内部の行為である場合に否定され、行為の名宛人が国民である場合に認められる。

　本件改正の名宛人はY市住民であるため、②も充足する。

4　③について検討する。

　本件改正により、Y市住民の権利義務が変動するかが問題となる。

　本件改正により、A保育所で保育を受けていた児童及びXの保護者は、実施期間の途中で契約が終了するという不利益を負う。

　そこで、特定の保育所で実施期間まで保育してもらうという利益が法的利益といえるかを検討する。

　児童福祉法は、原則として、保護者が希望する保育所における保育を認めている。そして、保育所の利用関係は、実施期間が満了するまで継続するのが原則という仕組みとなっている。

　したがって、上記利益は、法的利益といえ、これを奪う本件改正には、③も認められる。

5　④について検討する。

　直接性とは、他に行政庁による執行行為を経ることなく、当該行為により直接国民の権利義務が変動する場合ことを指す。

　条例の名宛人は、広く住民一般であるため、直接性が認められにくいのが原則であるが、本件改正により、権利義務が変動するのは、A保育所に子を預ける保護者だけであり、その範囲は限定的である。また、A保育所の廃止により当然に、

保護者の、子を実施期間中まで、A得育所に預ける
~~という~~権利は失われる。
　よって、④も充足する。
　また、実質的な観点からみても、本件改正に
ついては、抗告訴訟で争わせるべきである。つまり、
民事訴訟や当事者訴訟による場合、勝ち住民
が勝訴したとしても、判決の効力が及ぶのは
その当事者のみである。取消訴訟による場合
には、第三者効（行政事件訴訟法32条1項）が
認められるため、より紛争の抜本的解決に資する。
6　以上より、本件改正は「処分」である。
　　　　　　　　　　　　　　　　　　以上

　①A開発事業団は，B県内に試験研究用等原子炉（以下「本件原子炉」という。）を設置することを計画し，原子力規制委員会に原子炉設置許可申請をし，同委員会から許可を受けた。

　②これに対して，設置予定の原子炉の周辺に居住しているXは，設置許可の取消しを求め，取消訴訟を提起した（以下「本件取消訴訟」という。）。

　以上の事案を前提として，以下の各問いに答えなさい。

　③1　Xに原告適格は認められるか。

　④2　Xは，本件取消訴訟において，以下の主張をすることができるか。

　　⑴　本件原子炉は，平和の目的以外に利用されるおそれがあること

　　⑵　A開発事業団には，本件原子炉を設置するために必要な技術的能力がないこと

【参照法令】　核原料物質，核燃料物質及び原子炉の規制に関する法律（昭和32
　　年6月10日法律第166号）（抜粋）

（目的）

第1条　この法律は，原子力基本法（昭和30年法律第186号）の精神にのつとり，
　核原料物質，核燃料物質及び原子炉の利用が平和の目的に限られることを確
　保するとともに，原子力施設において重大な事故が生じた場合に放射性物質
　が異常な水準で当該原子力施設を設置する工場又は事業所の外へ放出される
　ことその他の核原料物質，核燃料物質及び原子炉による災害を防止し，及び
　核燃料物質を防護して，公共の安全を図るために，製錬，加工，貯蔵，再処
　理及び廃棄の事業並びに原子炉の設備及び運転等に関し，大規模な自然災害
　及びテロリズムその他の犯罪行為の発生も想定した必要な規制を行うほか，
　原子力の研究，開発及び利用に関する条約その他の国際約束を実施するため
　に，国際規制物資の使用等に関する必要な規制を行い，もつて国民の生命，
　健康及び財産の保護，環境の保全並びに我が国の安全保障に資することを目
　的とする。

（設置の許可）

第23条　発電用原子炉以外の原子炉（以下「試験研究用等原子炉」という。）
　を設置しようとする者は，政令で定めるところにより，原子力規制委員会の
　許可を受けなければならない。

2　（略）

（許可の基準）

第24条　原子力規制委員会は，第23条第１項の許可の申請があつた場合においては，その申請が次の各号のいずれにも適合していると認めるときでなければ，同項の許可をしてはならない。

一　試験研究用等原子炉が平和の目的以外に利用されるおそれがないこと。

二　その者（試験研究用等原子炉を船舶に設置する場合にあつては，その船舶を建造する造船事業者を含む。）に試験研究用等原子炉を設置するために必要な技術的能力及び経理的基礎があり，かつ，試験研究用等原子炉の運転を適確に遂行するに足りる技術的能力があること。

三　試験研究用等原子炉施設の位置，構造及び設備が核燃料物質（中略）若しくは核燃料物質によつて汚染された物（中略）又は試験研究用等原子炉による災害の防止上支障がないものとして原子力規制委員会規則で定める基準に適合するものであること。

2　原子力規制委員会は，第23条第１項の許可をする場合においては，あらかじめ，前項第１号に規定する基準の適用について，原子力委員会の意見を聴かなければならない。

出題論点

- 原告適格 ……………………………………………………………………… **A**
- 行政事件訴訟法10条１項の「法律上の利益」………………………………… **A**

問題処理のポイント

　本問は最判平4.9.22【百選Ⅱ162】を素材とする問題です。

　原告適格は処分性と並び司法試験頻出の分野であるため，本問を通じて処理手順を確立して頂ければと思います。

　原告適格は論証に目を奪われがちですが，すべての出発点は条文の文言ですので，原告適格も何条のどの文言の問題なのかをしっかり意識してほしいと思います。

答案作成の過程

1 設問１

1　問題となる条文

　　設問１では，Xに本件取消訴訟の原告適格が認められるかが問われています。

　　原告適格は，行政事件訴訟法９条１項「法律上の利益を有する者」の解釈問題です。

そのため，ここからは，Ⅹが「法律上の利益を有する者」（行政事件訴訟法9条1項）にあたるかを検討していくことになります。

2　判断基準

(1)　「法律上の利益」にあたるかについては，法律上保護された利益説と，法律上保護に値する利益説の対立がありますが，受験的には判例の立場である，法律上保護された利益説からの処理手順をしっかりと確立しましょう。以下では法律上保護された利益説を前提に解説させて頂きます。

(2)　判例によると，「法律上の利益を有する者」（行政事件訴訟法9条1項）とは，当該処分により自己の権利若しくは法律上保護された利益を侵害され，又は必然的に侵害されるおそれのあるものをいい，当該処分を定めた行政法規が，不特定多数者の具体的利益を専ら一般的公益の中に吸収解消させるにとどめず，それが帰属する個々人の個別的利益としてもこれを保護すべきものとする趣旨を含むと解される場合には，このような利益も法律上保護された利益に当たるとします（前掲最判平4.9.22【百選Ⅱ162】，最大判平17.12.7【百選Ⅱ165】等）。

そして，処分の名宛人以外の者に「法律上の利益」が認められるかを判断するにあたっては，行政事件訴訟法9条2項の諸要素を勘案する必要があります。

なお，受験生の答案には，行政事件訴訟法9条2項の文言をそのまま書き写すようなものがありますが，条文を指摘して頂ければ考慮要素は分かるため，書き写す必要まではないでしょう。

3　判断の手順

では，次に原告適格の判断手順について説明します。

原告適格は，ⅰ原告となろうとするものが主張する被侵害利益を確定し，ⅱそれが，不特定多数者の具体的利益として保護されているかを判断し，ⅲそれが個々人の個別的利益として保護されているかを判断し，ⅳ最後に，原告となろうとするものが，個別的利益を有するもの（法律上保護された利益を侵害され又は必然的に侵害されるおそれのあるもの）にあたるかを判断するという流れで検討します。

答案ではⅰを認定しないことも多いですが，ⅰは，ⅱⅲⅳを判断する前提となるため，書いておいたほうが分かりやすい答案になると思います。

4　被侵害利益の認定（ⅰのステップ）

本問でⅩが主張する被侵害利益の認定ですが，この点は問題文から明確ではありません。

ただ，原子炉設置に反対しているということであるため，Ⅹは生命身体という利益が原子炉設置により害されると主張していると考えてよいでしょう。

5　不特定多数者の具体的利益として保護されているか（ⅱのステップ）

(1)　次に処分の根拠法が，Ⅹの主張する生命身体という利益を，不特定多数者の具体的利益として保護しているかを考える必要があります。

この部分は，処分の根拠法の関心の対象は何かを検討するステップですので，当然処分の根拠法自体を分析する必要があります。ここでは，９条２項の「利益の内容及び性質」の要素は出てきません。

(2)　本問で根拠法となる，核原料物質，核燃料物質及び原子炉の規制に関する法律（以下「法」といいます。）は，原子炉の設置を許可制とし（法23条１項），許可の基準として原子炉設置等に必要な技術的能力の有無（法24条１項２号）や，「災害の防止上支障がない」（法24条１項３号）ことが挙げられており，許可の前提として法24条２項において，原子力規制委員会の意見を聴かなければならないとされています。これに加えて法１条が，目的として国民の生命，健康を保護することを掲げていることからすれば，上記許可要件は国民の生命・健康を保護する趣旨から定められたといえます。

従って処分の根拠法は，生命身体という利益を不特定多数者の具体的利益として保護しているとえいます。

6　個々人の個別的利益として保護されているか（ⅲのステップ）

(1)　次に，個々人の個別的利益として保護されているかを検討します。

「個々人の個別的利益」として保護されているとは，言うならば特別扱いされている利益であるということです。

そこで，「不特定多数者の具体的利益」の中から，それが帰属する「個々人の個別的利益」を切り出していく必要があります。

ここで，法律上保護された利益説は，立法者の意思に原告適格の有無の判定の根拠を求める立場なので，その切り出しの第１次的ツールは，当然処分の根拠法となりますので，基本的には行政事件訴訟法９条２項の考慮要素のうち，まずは「当該法令の趣旨及び目的」を分析することになります。

では，「利益の内容及び性質」はどうでしょうか。もちろん，処分の根拠法が当該利益を特別扱いしていることが明らかな場合には，それは切り出しの根拠として十分です。しかし，根拠法が当該利益を特別扱いしていることが明らかではない場合に判例は，この要素を重視して切り出すことがあります。

具体的に判例がこの考慮要素を重視して切り出しを図るのは，被侵害法益が生命，身体やそれに準じる利益であることがほとんどです。おそらく，この場合，何らかの形で切り出しを図り，結論的に一定の範囲の周辺住民等に原告適格を認めなければならないのは明らかであるため，「利益の内容及び性質」に着目して切り出しを図っていると思われます。

本問でも，処分の根拠法が一定範囲の住民の生命，身体という利益を特別扱いしていることまでは読み取れませんので，「利益の内容及び性質」に着目することになります。

(2)　本問では規定に違反して設置許可処分がなされた場合，重大な原子炉事故が起こる可能性があり，事故が起きたときは，原子炉施設に近い住民ほど被害を

受ける蓋然性が高く，しかも，その被害の程度はより直接的かつ重大なものとなるのであって，特に，原子炉施設の近くに居住する者はその生命，身体等に直接的かつ重大な被害を受けるものと想定されます。

したがって，法は，単に公衆の生命，身体の安全，環境上の利益を一般的公益として保護しようとするにとどまらず，原子炉施設周辺に居住し，事故等がもたらす災害により直接的かつ重大な被害を受けることが想定される範囲の住民の生命，身体の安全等を個々人の個別的利益としても保護すべきものとする趣旨を含むと解するのが相当です。

7 個別的利益を有するものにあたるか（ⅳのステップ）

それでは，Xが当該処分により自己の権利若しくは法律上保護された利益を侵害され，又は必然的に侵害されるおそれのあるものにあたるでしょうか。

個別的利益として切り出した範囲にXが含まれているかを検討します。

Xは本件原子炉の周辺に居住し，当該原子炉事故により生命・身体の安全等に直接的かつ重大な被害を受けるおそれがあるから，「法律上の利益を有する者」にあたります。

8 結論

以上から，Xに原告適格が認められます。

2 設問2

1 ④設問2ではXが本件取消訴訟の中で，(1)本件原子炉は，平和の目的以外に利用されるおそれがあること，(2)A開発事業団には，本件原子炉を設置するために必要な技術的能力がないことを主張することができるかが問われています。

行政事件訴訟法10条1項は，「取消訴訟においては，自己の法律上の利益に関係のない違法を理由として取消しを求めることができない。」と規定しています。

そのため，本問では(1)(2)が「自己の法律上の利益に関係のない違法」かが問題となります。

この点，同法10条1項の「法律上の利益」について，学説上は，公益保護を目的とする規定の違反も全て取消事由として主張することができるとして，その範囲を広く解する見解もありまが，判例（最判平元.2.17【百選Ⅱ192】）は，同法9条1項と同一の範囲と解しています。

設問1で検討したように，事故等がもたらす災害により直接的かつ重大な被害を受けることが想定される範囲の住民の生命，身体の安全が個々人の個別的利益として保護されていますから，(1)(2)がこれに関連するか否かを検討します。

2 (1)については，原子力の平和利用は，間接的にはXの生命・身体の安全等を保護することにもつながり得ます。しかし，これは単に公益として保護されるべき性質のものであり，直接的・具体的にXの法益に関連するものではないので，Xは(1)を本件取消訴訟の中で主張することはできません。

⑵については，A開発事業団の技術的能力の欠缺があると，本件原子炉につい
て重大事故が起こり，周辺住民たるＸの生命・身体の安全等が害されるおそれが
あります。そうだとすれば，Ｘの生命・身体の安全等に直接的・具体的に関わる
ものであるから，本件取消訴訟の中で主張することが認められます。

第1　設問1について
　1　Xが「法律上の利益」(行訴9Ⅰ)を有するか否か
　　　　↓
　　　原告適格
　　　　↓
　　　法律上保護された利益説
　　　　↓
　2　あてはめ
　　　　↓
　3　Xに原告適格が認められる

第2　設問2について
　1　行訴法10条1項の適否
　　　　↓
　　　行訴法10条1項の「法律上の利益」
　　　　↓
　　　行訴法10条1項の制限は，同法9条1項の制限の範囲と同一
　　　　↓
　2　主張が許されるのは，Xの生命・身体の安全の保護に直接的に関係のある
　　　規定の違反のみ
　　　　↓
　3　Xは⑵の主張のみすることができる

第1　設問1について
1　Xに原告適格が認められるか否かは，Xが「法律上の利益」
（行政事件訴訟法（以下，法令名省略。）9条1項）を有する
か否かによる。

　　ここで，「法律上の利益を有する者」とは，当該処分により自己の権利若しくは法律上保護された利益を侵害され，又は必然的に侵害されるおそれのあるものをいう。そして，当該処分を定めた行政法規が，不特定多数者の具体的利益を専ら一般的公益の中に吸収解消させるにとどめず，それが帰属する個々人の個別的利益としてもこれを保護すべきものとする趣旨を含むと解される場合には，このような利益も法律上保護された利益に当たると解する。その際には，9条2項に掲げられている判断要素を勘案することとなる。

2(1)　本問では，原子炉の設置を許可制とし（核原料物質，核燃料物質及び原子炉の規制に関する法律（以下「法」という。）23条1項），許可の基準として原子炉設置等に必要な技術的能力の有無（法24条1項2号）や，「災害の防止上支障がない」（法24条1項3号）ことが挙げられており，許可の前提として法24条2項において，原子力規制委員会の意見を聴かなければならないとされている。これに加えて法1条が，目的として国民の生命，健康を保護することを掲げていることからすれば，上記許可要件は国民の生命・

◀不特定多数者の具体的利益として保護しているか。

健康を保護する趣旨から定められたというべきである。

　　そして，これらの規定に違反して設置許可処分がなされた場合，重大な原子炉事故が起こる可能性があり，事故が起きたときは，原子炉施設に近い住民ほど被害を受ける蓋然性が高く，しかも，その被害の程度はより直接的かつ重大なものとなるのであって，特に，原子炉施設の近くに居住する者はその生命，身体等に直接的かつ重大な被害を受けるものと想定される。

◀個々人の個別的利益として保護しているか

(2)　したがって，法は，単に公衆の生命，身体の安全，環境上の利益を一般的公益として保護しようとするにとどまらず，原子炉施設周辺に居住し，事故等がもたらす災害により直接的かつ重大な被害を受けることが想定される範囲の住民の生命，身体の安全等を個々人の個別的利益としても保護すべきものとする趣旨を含むと解するのが相当である。

(3)　そして，Xは本件原子炉の周辺に居住し，当該原子炉事故により生命・身体の安全等に直接的かつ重大な被害を受けるおそれがあるから，上記利益を有すると解される。

◀あてはめ

3　以上から，Xに原告適格が認められる。
第2　設問2について
1　Xが本件における主張(1)及び(2)を主張することができるか否かについては，10条1項が「自己の法律上の利益に関係のない違法を理由として取消しを求めることができない」とし

◀問題の所在

ていることから，(1)及び(2)の事由がＸの「法律上の利益に関
係」しているか否かが問題となる。

◆=論証

　　ここで，文言の統一的解釈という観点からは，9条1項と
10条1項の「法律上の利益」を同義に解するべきである。ま
た，9条1項は訴訟要件レベル，10条1項は本案審理レベル
での規定であり，その目的は共通である。

　　したがって，10条1項の制限は9条1項の制限の範囲と同
一である。

2(1)　上記のように，本件でＸが有していた「法律上の利益」
　　は生命・身体の安全等であり，10条1項により制限されず
　　主張が許されるのは，Ｘの生命・身体の安全等の保護に直
　　接的に関係のある規定の違反に限られる。

(2)　これを前提に，Ｘが(1)及び(2)の事実を主張することがで←あてはめ
　　きるかを検討する。

　　ア　(1)については，原子力の平和利用は，間接的にはＸの
　　　　生命・身体の安全等を保護することにもつながり得る。
　　　　しかし，これは単に公益として保護されるべき性質のも
　　　　のであり，直接的・具体的にＸの法益に関連するもので
　　　　はないから，主張することはできない。

　　イ　(2)については，Ａ開発事業団の技術的能力の欠缺があ
　　　　ると，本件原子炉について重大事故が起こり，周辺住民
　　　　たるＸの生命・身体の安全等が害されるおそれがある。

　　　　そうだとすれば，Ｘの生命・身体の安全等に直接的・具
　　　　体的に関わるものであるから，主張が認められる。

3　以上より，Ｘは(2)の主張のみすることができる。

　　　　　　　　　　　　　　　　　　　　　　　以　上

A開発事業団は，B県内に試験研究用等原子炉（以下「本件原子炉」という。）を設置することを計画し，原子力規制委員会に原子炉設置許可申請をし，同委員会から許可を受けた。

これに対して，設置予定の原子炉の周辺に居住しているXは，設置許可の取消しを求め，取消訴訟を提起した（以下「本件取消訴訟」という。）。

以上の事案を前提として，以下の各問いに答えなさい。

1　Xに原告適格は認められるか。

2　Xは，本件取消訴訟において，以下の主張をすることができるか。　＝ 行訴101

(1)　本件原子炉は，平和の目的以外に利用されるおそれがあること

(2)　A開発事業団には，本件原子炉を設置するために必要な技術的能力がないこと

【参照法令】

○　核原料物質，核燃料物質及び原子炉の規制に関する法律（昭和３２年６月１０日法律第１６６号）（抜粋）

（目的）

第１条　この法律は，原子力基本法（昭和３０年法律第１８６号）の精神にのっとり，核原料物質，核燃料物質及び原子炉の利用が平和の目的に限られることを確保するとともに，原子力施設において重大な事故が生じた場合に放射性物質が異常な水準で当該原子力施設を設置する工場又は事業所の外へ放出されることその他の核原料物質，核燃料物質及び原子炉による災害を防止し，及び核燃料物質を防護して，公共の安全を図るために，製錬，加工，貯蔵，再処理及び廃棄の事業並びに原子炉の設備及び運転等に関し，大規模な自然災害及びテロリズムその他の犯罪行為の発生も想定した必要な規制を行うほか，原子力の研究，開発及び利用に関する条約その他の国際約束を実施するために，国際規制物資の使用等に関する必要な規制を行い，もつて国民の生命，健康及び財産の保護，環境の保全並びに我が国の安全保障に資することを目的とする。

（設置の許可）

第２３条　発電用原子炉以外の原子炉（以下「試験研究用等原子炉」という。）を設置しようとする者は，政令で定めるところにより，原子力規制委員会の許可を受けなければならない。

2　（略）

（許可の基準）

第２４条　原子力規制委員会は，第２３条第１項の許可の申請があつた場合においては，その申請が次の各号のいずれにも適合していると認めるときでなければ，同項の許可をしてはならない。

一　試験研究用等原子炉が平和の目的以外に利用されるおそれがないこと。　→ 問2 (1)

二　その者（試験研究用等原子炉を船舶に設置する場合にあつては，その船舶を建造する造船事業者を含む。）に試験研究用等原子炉を設置するために必要な技術的能力及び経理的基礎があり，かつ，試験研究用等原子炉の運転を適確に遂行するに足りる技術的能力があること。　→ 問2 (2)

三　試験研究用等原子炉施設の位置，構造及び設備が核燃料物質（中略）若しくは核燃料物質によつて汚染された物（中略）又は試験研究用等原子炉による災害の防止上支障がないものとして原子力規制委員会規則で定める基準に適合するものであること。

2　原子力規制委員会は，第２３条第１項の許可をする場合においては，あらかじめ，前項第１号に規定する基準の適用について，原子力委員会の意見を聴かなければならない。

第1　問1
　論点：原告適格
　　　　↓
　Xの主張利益
　　＝事故で生命・身体・健康を害されない利益.
　　　　⇓
・根拠条文＝法23 I → 24 I ②③
　　　　　　　　　　　　　（＋8 I）
・生命・身体・健康の重大性
　　　　↓
　直接かつ重大な不利益 受ける範囲
　　→ 個別的保護あり.
　　　　⇓
（あてはめ）保護される（軽く）

第2　問2
　論点：#G 行訴 10 I の解釈
　　　　　⇓
　1　(1) ＝ 平和 → 主張 ✗
　2　(2) ＝ 技術的能力 → 主張 ○

第1 問1について

1 Xが、Aの原子炉設置許可について取消訴訟(行政事件訴訟法(以下法令名省略)3条2項)を適法に提起するためには、Xが原告適格を有している、すなわち「法律上の利益」(9条1項)を有している必要がある。ここでいう「法律上の利益を有する者」とは、当該処分により自己の権利若しくは法律上保護された利益を侵害され、又は必然的に侵害されるおそれのある者のことをさし、法律上保護された利益か否かについては、当該処分を定めた行政法規が、不特定多数人の具体的利益を専ら一般的公益に吸収、解消させるにとどまらず、それが帰属する個々人の個別的利益としても保護しているか否かによって判断する。そして、その判断にあたっては、9条2項に挙げられている事情を考慮する。

2 本件で、Xとしては、原子炉の事故により自己の生命・身体を害されない利益を主張すると考えられる。(健康)

3 本件でAに対してなされた原子炉設置許可(以下「本件許可」という。)は、核原料物質、核燃料物質及び原子炉の規制に関する法律(以下単に「法」という。)23条1項に基づくものであるが、その基準は法24条に定められている。同条2号では、申許可申

請者が原子炉設置に必要な技術的能力を有していることが要件とされているが、これは、そのような能力を有していない者が原子炉の設置や運転を行うと、原子炉が核燃料物質という危険な物質を扱っているという特殊性ゆえに事故が発生すると周囲の物質が汚染され、ひいては周辺住民 国民の身体 生命・身体・健康が害されるおそれがある(法1条参照)からである。また、法24条3号で、「災害の防止上支障がない」ことが要件とされており、ここからも原子炉の事故により国民の生命・身体・健康という利益を保護しようという趣旨がうかがえる。

さらに、人の生命・身体・健康というのは究極的な利益であり、1度害されてしまえば、取り返しのつかない可能性のあるものである。そして、原子炉に居住地が近ければ近いほど、住む人の生 生命・身体・健康は直接的かつ重大に害されるのであるが、少なくともそのような範囲に住む住民の生命・身体・健康についての利益は、法によって個別に保護されていると解される。

4 本件のXは、Aによって設置される予定の原子炉の周辺に居住しているのであり、原子炉が事故を起こした場合には、その生命・身体・健康は直接的かつ重大な侵害

を受けることが必然といえる。

よって、Xは本件許可について「法律上の利益を有する者」
として原告適格を有する。

第2 問2について

1 原告適格が認められたとしても、10条1項によると、
「自己の法律上の利益に関係のない違法を理由として取
消しを求めることができない」とされている。同項～項旨も
9条1項も、その趣旨は、取消訴訟が主観訴訟であり、
自己と関係のない利益に基づいて違法主張することを許
さないという点にあると考えられる。よって、10条1項で主張
井三主張が制限されているのは、原告適格を基礎づける
法律違反以外の主張であると解する。

2 (1)について

(1)は、本件原子炉が平和の目的以外に利用される
おそれがあること、すなわち法24条1項1号違反の主張で
あると考えられるが、これはあくまで一般的な公益にとどま
る利益に基づく主張であり、Xの生命・身体・健康とは関係
のない主張である。

よって、(1)の主張をXが主張することは10条1項によって
制限される

3 (2)について

他方、(2)は、Aに本件原子炉を設置するために必要な

技術的能力がない、という主張であるが、これは法24条1項
2号違反の主張であると考えられる。前述したように、同号
の技術的能力についての規定は、Xの原告適格＝法律上の
利益である周辺住民の生命・身体・健康に根拠が
あるものといえる。

よって、(2)の主張をX井がすることは許される。

以上.

①以下の事例において，Ｘ１及びＸ２に（狭義の）訴えの利益が認められるかについて，Ｘ１及びＸ２の主張を踏まえつつ，論じなさい。

(1) ②Ｘ１は，Ｙ１市役所に勤務する公務員であったが，平成27年10月，Ｙ１市長より，地方公務員法第29条第１項に基づく懲戒免職処分（以下「本件懲戒免職処分」という。）を受けた。これに不服のあるＸ１は，本件懲戒免職処分取消しの訴えを提起した（以下「本件訴訟１」という。）。訴訟係属中，Ｘ１は，Ｙ１市議会議員に立候補して当選した。

③Ｘ１は，違法な免職処分さえなければ公務員として有するはずであった給料請求権その他の権利，利益を回復するために，訴えの利益が認められると主張している。

(2) ④Ｙ２県内で飲食店を経営するＸ２は，提供した飲食物を摂取した利用客から食中毒の者が発生したこと（以下「本件事故」という。）を理由として，Ｙ２県知事から，食品衛生法第55条第１項に基づく３か月間の営業停止処分を受けた（以下「本件処分」という。）。

⑤Ｘ２は，本件事故は自らが提供した飲食物とは関係がない旨を主張して，本件処分の取消訴訟を提起した（以下「本件訴訟２」という。）が，本件訴訟２の第一審係属中に，３か月間の営業停止期間が経過した。

⑥Ｘ２は，本件処分を受けたという事実により，損なわれたＸ２の名誉，感情，信用等の人格的利益を回復するために，訴えの利益が認められると主張している。

【参照法令】 公職選挙法（昭和25年４月15日法律第100号）（抜粋）
（公務員の立候補制限）
第89条 （前略）地方公共団体の公務員（中略）は，在職中，公職の候補者となることができない。（以下略）
2・3 （略）
（立候補のための公務員の退職）
第90条 前条の規定により公職の候補者となることができない公務員が，（中略）公職の候補者となつたときは，（中略）その届出の日に当該公務員たることを辞したものとみなす。

・(狭義の) 訴えの利益 ……………………………………………………………… A

　本問は狭義の訴えの利益に関する問題です。

　処分性，原告適格と比べると学習が手薄になりがちですが，問題となる条文，判例の考え方は押さえておきたいところです。

1 小問(1)について

1　①小問(1)ではX１に（狭義の）訴えの利益が認められるかについて，X１の主張を踏まえつつ，論じることが求められています。

　取消しの訴えは，客観的にみて取消しによって原告の具体的な利益が回復可能である場合に限り，訴えの利益が認められ，これを提起することが認められます。

　したがって，処分の本体たる効果が消滅した場合には，訴えの利益は認められないのが原則です。

　もっとも，処分の本体たる効果が消滅しても，「回復すべき法律上の利益」（行政事件訴訟法９条１項かっこ書）を有する場合には，訴えの利益は失われません（行政事件訴訟法９条１項）。

　このように，処分の本体たる効果が消滅した場合であっても，何らかの付随的効果があり，処分を取り消すことによってかかる付随的効果が回復可能である場合には，訴えの利益は失われないと解されています。ただし，この付随的効果は，法律上の利益に関するものである必要があり，単に事実上の利益に関するものにすぎない場合には，訴えの利益は認められません。

2　②X１は，Y１市議会議員に立候補しているため，公職選挙法90条により，公務員を辞したものとみなされます。そのため，本件訴訟１により，本件懲戒免職処分が取り消されたとしても，X１の公務員たる地位が回復されることはありません。そのため，X１には原則として本件訴訟１に関する訴えの利益を欠くことになります。

　そこで，X１が「処分又は裁決の効果が期間の経過その他の理由によりなくった後においてもなお処分又は裁決の取消しによって回復すべき法律上の利益を有する」（行政事件訴訟法９条１項かっこ書）か否かを検討します。

　③X１の主張は，違法な免職処分さえなければ公務員として有するはずであった給料請求権その他の権利，利益を回復するために，訴えの利益が認められるというものです。X１がY市に対して，本件懲戒免職処分後の給与支払を求める場合，本件懲戒免職処分の効力が生じていないことが前提となりますが，取消訴訟

以外でのこのような主張をすることは，公定力により阻まれてしまいます（本書第3問参照）。

　そのため，Ｘ１の公務員たる地位が回復されないとしても，給料請求権その他の権利を請求するための前提として，本件懲戒免職処分を取り消す必要があります。

　そして，これは，法律上の利益に関するものであるといえますので，Ｘ１は取消しによって「回復すべき法律上の利益を有する者」といえます。

3　以上より，Ｘ１には本件訴訟１の訴えの利益が認められます。

2　小問(2)について

1　問題の所在

　④小問(2)でＹ２は，本件事故を理由として，なされた３か月の営業停止処分（本件処分）に不服があるため，⑤本件処分の取消訴訟を提起しましたが，第一審係属中に，３か月の営業停止期間が経過しました。

　⑥Ｘ２は，本件処分を受けたという事実により，損なわれたＸ２の名誉，感情，信用等の人格的利益を回復するために，訴えの利益が認められると主張しています。

　営業停止処分の期間が経過してしまった以上，処分の本体たる効果が消滅したといえるため，訴えの利益がなくなるのが原則です。

　そのため，小問(1)同様，Ｘ２に「回復すべき法律上の利益」を有し訴えの利益が認められるかを検討する必要があります。

2　参考等なる判例と本問の処理

　参考になる判例としては，運転免許の効力停止処分を受けた者に関する最判昭55.11.25【百選Ⅱ176】があります。

　同最判は，名誉，感情，信用等を損なう「可能性の存在が認められるとしても，それは〔運転免許の効力停止処分〕がもたらす事実上の効果にすぎない」として，取消訴訟によって回復すべき法律上の利益を否定しました。

　本問で，Ｘ２の主張する利益は，名誉，感情，信用等の人格的利益であるため，同最判の理論を前提にすれば，処分の取消しによって回復すべき法律上の利益とはいえません。

　よって，Ｘ２に本件訴訟２に関する訴えの利益は認められません。

3　補論

　小問(2)に関連して，近時最判平27.3.3【百選Ⅱ175】が，処分基準の裁量拘束性を理由として，「行政手続法12条１項の規定により定められ公にされている処分基準において，先行の処分を受けたことを理由として後行の処分に係る量定を加重する旨の不利益な取扱いの定めがある場合には，上記先行の処分に当たる処分

を受けた者は，将来において上記後行の処分に当たる処分の対象となり得るとき
は，上記先行の処分に当たる処分の効果が期間の経過によりなくなった後におい
ても，当該処分基準の定めにより上記の不利益な取扱いを受けるべき期間内はな
お当該処分の取消しによって回復すべき法律上の利益を有するものと解するのが
相当である」と判示しました。

■ **答案構成**

第1　小問(1)について
　1　X1の主張の当否

　2　処分の本体たる効果が消滅した場合には，訴えの利益は認められないのが
　　　原則

　　　処分の本体たる効果が消滅しても，「回復すべき法律上の利益」（行政事件
　　訴訟法9条1項かっこ書）を有する場合には，訴えの利益は失われない

　3　あてはめ

　4　訴えの利益が認められる

第2　小問(2)について
　1　X2の主張の当否

　2　あてはめ

　3　訴えの利益が認められない

第1　小問(1)について
1　X1の主張の当否について検討する。
2　取消しの訴えは，客観的にみて取消しによって原告の具体
　的な利益が回復可能である場合に限り，訴えの利益が認めら
　れ，これを提起することが認められる。
　　したがって，処分の本体たる効果が消滅した場合には，訴
　えの利益は認められないのが原則である。
　　もっとも，処分の本体たる効果が消滅しても，「回復すべ
　き法律上の利益」（行政事件訴訟法9条1項かっこ書）を有
　する場合には，訴えの利益は失われない。すなわち，処分の
　本体たる効果が消滅した場合であっても，何らかの付随的効
　果があり，処分を取り消すことによってかかる付随的効果が
　回復可能である場合には，訴えの利益は失われないと解され
　る。ただし，この付随的効果は，法律上の利益に関するもの
　である必要があり，単に事実上の利益に関するものにすぎな
　い場合には，訴えの利益は認められない。
3　これを本問についてみると，確かに，X1はY1市議会議
　員の候補者として届出をしている以上，本件取消しの訴えが
　認容されても公務員たる地位を回復する余地はない（公職選
　挙法89条1項，90条）のであるから，「回復すべき法律上の
　利益」を有しないとも思える。
　　しかし，行政処分の公定力から，本件処分が取り消されな

い限り，仮に懲戒免職処分が違法であったとしても公務員と
して有するはずであった給料請求権その他の権利利益につき
裁判所に救済を求めることができなくなる。
　　そうだとすると，本件訴訟1が認容されることによって本
件処分に付随する給料請求権等の権利利益の回復が図られる
ことになる。
　　そして，これは，法律上の利益に関するものであるといえ
るから，X1は取消しによって「回復すべき法律上の利益を
有する者」といえる。
4　以上から，X1に訴えの利益が認められる。
第2　小問(2)について
1　X2の主張の当否について，上記基準に従い，検討する。
2　X2は，営業停止命令によって失われた信用等を取り戻す
　などと主張しており，この信用等が「回復すべき法律上の利
　益」に当たるとも思える。
　　しかし，そのような可能性の存在が認められるとしても，
　それは本問停止命令がもたらす事実上の効果にすぎず，法律
　上の利益に関するものであるとはいえない。
　　したがって，「回復すべき法律上の利益」には当たらない。
3　以上から，X2に訴えの利益が認められない。
　　　　　　　　　　　　　　　　　　　　　　　　以　上

←論証
小問(1)(2)ともに訴えの利益に関する問題であるため，ここで一般論を書いてしまう

←あてはめ

←小問(1)で規範を書いているため，ここでは省略している

以下の事例において，X1及びX2に（狭義の）訴えの利益が認められるかについて，X1及びX2の主張を踏まえつつ，論じなさい。

⑴　X1は，Y1市役所に勤務する公務員であったが，平成27年10月，Y1市長より，地方公務員法第29条第1項に基づく懲戒免職処分（以下「本件懲戒免職処分」という。）を受けた。これに不服のあるX1は，本件懲戒免職処分取消しの訴えを提起した（以下「本件訴訟1」という。）。訴訟係属中，X1は，Y1市議会議員に立候補して当選した。

　　X1は，<u>違法な免職処分さえなければ公務員として有するはずであった給料請求権その他の権利，利益を回復するために，訴えの利益が認められると主張している。</u>

⑵　Y2県内で飲食店を経営するX2は，提供した飲食物を摂取した利用客から食中毒の者が発生したこと（以下「本件事故」という。）を理由として，Y2県知事から，食品衛生法第55条第1項に基づく3か月間の営業停止処分を受けた（以下「本件処分」という。）。

　　X2は，本件事故は自らが提供した飲食物とは関係がない旨を主張して，本件処分の取消訴訟を提起した（以下「本件訴訟2」という。）が，<u>本件訴訟2の第一審係属中に，3か月間の営業停止期間が経過した。</u>

　　<u>X2は，本件処分を受けたという事実により，損なわれたX2の名誉，感情，信用等の人格的利益を回復するために，訴えの利益が認められると主張している。</u>

【参照法令】

○　公職選挙法（昭和25年4月15日法律第100号）（抜粋）

（公務員の立候補制限）

第89条　（前略）地方公共団体の公務員（中略）は，在職中，公職の候補者となることができない。（以下略）

2・3　（略）

（立候補のための公務員の退職）

第90条　前条の規定により公職の候補者となることができない公務員が，（中略）公職の候補者となつたときは，（中略）その届出の日に当該公務員たることを辞したものとみなす。

いずれも訴えの利益の問題

小問(1)

　X1は立候補の時点で90→辞職

→ 免職が違法でも、公務員の地位は
　どのみち、ない

→ 訴訟1に訴えの利益なし。
　　↓
（但し、行訴法9-1かっこ書より、回復すべき
法律上の職利益あれば、OK!!
　　↓
処分から立候補までの給与請求
　→ 訴えの利益あり。

小問(2)

　X2も、期間経過している
　　↓
（但し、回復すべき法律上の利益あるか?
　　↓
　　　ない。

第1 小問(1)について
1 X1の訴えに訴えの利益が認められるかを検討する。X1は、Y1市議会議員に立候補した時点で辞職したものとみなされるため（公職選挙法90条）、本件訴訟1において懲戒免職処分が取り消されても、公務員としての地位が認められることはない。
　よって、訴えの利益を欠くとも思える。
2 しかし、処分の取消しによって回復すべき法律上の利益が認められるのであれば、尚、訴えの利益は認められる（行政事件訴訟法9条1項かっこ書）。
　X1は、本件訴訟1に勝訴しても、公務員たる地位を回復することはできないが、本件懲戒免職処分時から立候補時までの給料請求権を取得することができる。これは、法律上の利益であるため、本件訴訟1には尚、訴えの利益が認められる。

第2 小問(2)について
1 本件訴訟2に訴えの利益が認められるかを検討する。本件処分の効果は、3ヶ月が経過すると、失われ、X2は、営業を開始することができる。
　しかし、本件処分を取り消すことで、X2に回復すべき法律上の利益が認められるならば、訴えの利益は尚認められる。
2 X2は、本件処分を受けたことで、名誉、感情、信用等の人格的利益が損われ、これを回復すべき必要があると主張する。
　しかし、上記損害は、本件処分による事実上の効果に過ぎず、法律上の利益とはいえない。
　よって、本件訴訟2は訴えの利益を欠く。
　　　　　　　　　　　　　　　以上

①Xは，行政機関の保有する情報の公開に関する法律（以下「情報公開法」という。）に基づき，行政文書の開示を求めたところ，行政庁であるYは，公共安全情報（情報公開法第5条第4号）に当たるとして，非開示決定をした。これに不服のあるXは，非開示決定の取消訴訟を提起したところ，Yは，訴訟係属中に，非開示理由として，審議検討等情報（同条第5号）に当たることを追加した。

②Yの理由の追加が許されるかについて，論じなさい。

【参照法令】 行政機関の保有する情報の公開に関する法律（平成11年5月14日法律第42号）（抜粋）

（行政文書の開示義務）

第5条 行政機関の長は，開示請求があったときは，開示請求に係る行政文書に次の各号に掲げる情報（以下「不開示情報」という。）のいずれかが記録されている場合を除き，開示請求者に対し，当該行政文書を開示しなければならない。

一～三 （略）

四 公にすることにより，犯罪の予防，鎮圧又は捜査，公訴の維持，刑の執行その他の公共の安全と秩序の維持に支障を及ぼすおそれがあると行政機関の長が認めることにつき相当の理由がある情報

五 国の機関，独立行政法人等，地方公共団体及び地方独立行政法人の内部又は相互間における審議，検討又は協議に関する情報であって，公にすることにより，率直な意見の交換若しくは意思決定の中立性が不当に損なわれるおそれ，不当に国民の間に混乱を生じさせるおそれ又は特定の者に不当に利益を与え若しくは不利益を及ぼすおそれがあるもの

□ 出題論点

□ 問題処理のポイント

本問は，最判平11.11.19【百選Ⅱ189】を素材とする問題であり，学説上，争われている理由の変更の可否についての理解を問うものです。

論文での出題も十分に考えられる論点ですので，本問を通じて処理手順を確立し

て頂ければと思います。

1 問題の所在

①本問でYは，Xの行政文書の開示の求めに対し，公共安全情報（情報公開法5条4号）に当たるとする理由を提示したにもかかわらず，取消訴訟において新たに審議検討等情報（同条5号）に当たるという理由を追加しています。ではこのような理由の追加は許されるでしょうか。

2 理由の追加の可否

1 学説の考え方

理由提示の趣旨が行政の恣意抑制と不服申立ての便宜を付与する点にあることからすれば，訴訟の場で新たな理由を追加したり，理由を差し替えたりすることは認められないと考えることもできます。

しかし，取消訴訟の訴訟物は処分の違法性一般であると解されていますから，理由の変更は攻撃防御方法の提出として原則的に自由にできるはずです。さらに，本問で4号を根拠とする非開示決定が取り消されたとしても，その後，5号を理由に非開示決定をすることは妨げられません（本書**第16問**参照）。そのため，理由の追加を認めることは，紛争の一回的解決という観点からしても望ましい面があることは否定できません。

そこで，理由の変更は処分の同一性を害しない範囲，具体的には，理由を構成する事実が社会的事実として密接に関連し，同一性が肯定される場合には，理由の変更が認められると考えます。その際には，処分主体，名宛人，日時，処分の目的・性質などを勘案して決します（制限的肯定説）。

2 素材判例の立場

素材判例は，処分時の理由提示と事後の理由の差替えの禁止を論理的に切り離した上で，特に限定を付すことなく理由の変更を認めていますが，同判例がどのような立場に立つのかは明らかではありません。

3 あてはめ

本問では，両理由はいずれも，YのXに対する非開示決定の理由であり，処分の主体，名宛人は同一性を有します。

また，公共安全情報に当たることと，審議検討等情報に当たることは，ともに行政機関の同一の行政文書についての情報公開義務の除外事由であり，処分の目的・性質も同一であるといえます。

144

以上からすれば，両事実は社会的事実として密接に関連し，理由の追加を認めても，処分の同一性を害するとはいえません。

4　したがって，本件ではYの理由の追加は認められます。

5　**判例の射程**

　　なお，素材判例で問題となったのは，地方公共団体が定める情報公開条例における非公開事由の変更に関するものであり，その射程はあくまでもその限度にとどまるとする評価があります。このような考え方によると，本問で理由の変更が認められるか否かは，別問題であるということになります。

■答案構成

1　理由の追加が許されるか
　　↓
2　理由の差替え・追加・追完
　　↓
　　理由の変更は処分の同一性を害しない範囲で認められる
　　↓
3　あてはめ
　　↓
4　Yの理由の追加は認められる

1　Ｙは，Ｘの行政文書の開示の求めに対し，公共安全情報に当たるとする理由を提示したにもかかわらず，取消訴訟において新たに審議検討等情報に当たるという理由を追加している。では，この理由の追加は許されるか。 ←問題の所在

2　この点について，理由提示の趣旨が行政の恣意抑制と不服申立ての便宜を付与する点にあることからすれば，訴訟の場で新たな理由を追加したり，理由を差し替えたりすることは認められないかに思える。 ←■論証

　　しかし，取消訴訟の訴訟物は処分の違法性一般であると解されているから，理由の変更は攻撃防御方法の提出として原則的に自由である。さらに，紛争の一回的解決という観点からしても望ましい面があることは否定できない。

　　そうだとすれば，理由の変更は原則として肯定されるべきである。もっとも，理由提示の上記趣旨を没却するような変更は認められない。

　　そこで，理由の変更は処分の同一性を害しない範囲で認められると解する。具体的には，理由を構成する事実が社会的事実として密接に関連し，同一性が肯定される場合には，理由の変更が認められる。その際には，処分主体，名宛人，日時，処分の目的・性質などを勘案して決する。

3　本問では，両理由はいずれも，ＹのＸに対する非開示決定の理由であり，処分の主体，名宛人は同一性を有する。 ←あてはめ

本問は１論点なので，反対方向の事情も考慮している

　　また，公共安全情報に当たることと，審議検討等情報に当たることは，ともに行政機関の同一の行政文書についての情報公開義務の除外事由であり，処分の目的・性質も同一である。

　　以上からすれば，両事実は社会的事実として密接に関連し，理由の追加を認めても，処分の同一性を害しない。

4　したがって，本件ではＹの理由の追加は認められる。

以　上

　Xは，行政機関の保有する情報の公開に関する法律（以下「情報公開法」という。）に基づき，行政文書の開示を求めたところ，行政庁であるYは，公共安全情報（情報公開法第5条第4号）に当たるとして，非開示決定をした。これに不服のあるXは，非開示決定の取消訴訟を提起したところ，Yは，訴訟係属中に，非開示理由として，審議検討等情報（同条第5号）に当たることを追加した。

　Yの理由の追加が許されるかについて，論じなさい。

【参照法令】

○　行政機関の保有する情報の公開に関する法律（平成11年5月14日法律第42号）
　（抜粋）

（行政文書の開示義務）

第5条　行政機関の長は，開示請求があったときは，開示請求に係る行政文書に次の各号に
　掲げる情報（以下「不開示情報」という。）のいずれかが記録されている場合を除き，開
　示請求者に対し，当該行政文書を開示しなければならない。

　一～三　　（略）

　四　公にすることにより，犯罪の予防，鎮圧又は捜査，公訴の維持，刑の執行その他の公
　　共の安全と秩序の維持に支障を及ぼすおそれがあると行政機関の長が認めることにつ
　　き相当の理由がある情報

　五　国の機関，独立行政法人等，地方公共団体及び地方独立行政法人の内部又は相互間に
　　おける審議，検討又は協議に関する情報であって，公にすることにより，率直な意見の
　　交換若しくは意思決定の中立性が不当に損なわれるおそれ，不当に国民の間に混乱を
　　生じさせるおそれ又は特定の者に不当に利益を与え若しくは不利益を及ぼすおそれが
　　あるもの

理由の追加が許されるか？

↓

理由提示には反しない

→趣旨： 行政庁の判断の恣意抑制
&
不服申立ての便宜

→ これらは、1度理由が提示されれば、
足りるので

↓

では、追加は無制限に許されるか？

↓

訴訟物は、処分の違法性ゆえ、適法性
をキソ付ける本案の主張は、時機に後れない
限り、いつでも提出できるのが原則1

↓

しかし、理由が大きく異なることで、処分が
同一でなくなれば、もはや訴えの変更で
あり、当然には認められない。

1 Yの理由の追加が許されるか検討する。
　まず、理由提示が要求されていることとの関係で理由の追加が許されるかを検討する。
　理由提示の趣旨は、行政の判断の恣意抑制と不服申立ての便宜付与の点にある。よって、処分の際に、理由が提示しえすれば、上記■目的を達成することができるため、その後の理由の追加が許されないと解釈することはできない。
2 では、理由の追加は、無制限に許されるのか。行政訴訟における訴訟物は、処分の違法性であるため、処分の適法性を基礎づける理由の主張については、あくまで攻撃防御方法として、時機に後れない限り、いつでも提出が可能である。
　但し、理由が変更されることで、処分の同一性が失われた場合には、審判対象である訴訟物の変更であり、訴えの変更に■■■に準ずるものである。
　したがって、このような場合には、当然に許されるものではない。
3 本件では、具体的事実が定かにされてないため、具体的な結論を出すことはできないが、行政庁Yが情報公開法5条4号に該当すると主張する具体的事実と、同法5条5号に該当すると主張する具体的

事実とが、社会的事実を異にするような■場合には、処分の同一性が失われ、Yの理由の追加は、当然には認められないと解釈する。
　　　　　　　　　　　　以上

以下のＸ１及びＸ２の提起した訴えが認められるかについて，論じなさい。

(1) ①厚生労働大臣Ｙ１は，「健康保険法の規定による療養に要する費用の額の算定方法」を改正する旨の告示をし（以下「本件告示」という。），被保険者の負担する保険料の値上げを実施した。②これを不服とするＡが，本件告示の取消しを求める訴えを提起したところ，裁判所はＡの訴えを認容し，判決が確定した。③その後，Ｙ１は，本件告示を前提とする健康保険料の支払をＸ１に求めたところ，Ｘ１は，本件告示は既に取り消されているとして，本件告示によって増額した部分については，支払義務がないことの確認を求める訴えを提起した。

(2) ④Ｘ２は，法務大臣Ｙ２に対して，行政機関の保有する情報の公開に関する法律（以下「情報公開法」という。）第３条に基づき，行政文書の開示を求めたところ，Ｙ２は，情報公開法第５条第１号に該当することを理由とする不開示決定（以下「本件不開示決定１」という。）をした。⑤そこで，Ｘ２は，本件不開示決定１の取消しを求める訴えを提起したところ，裁判所はＸ２の訴えを認容し，判決は確定した。

⑥Ｙ２は，行政事件訴訟法第33条第２項に基づき，改めてＸ２の開示請求を審理したが，今度は，情報公開法第５条第３号に該当するとして，不開示決定をした（以下「本件不開示決定２」という。）。

⑦そこで，Ｘ２は，本件不開示決定２の取消しを求める訴えを提起した。

□ 出題論点

・取消判決の効力 ………………………………………………………………………… B

□ 問題処理のポイント

　本問は取消判決の効力，具体的には小問（１）が対世効（行政事件訴訟法32条１項），小問（２）が拘束力（行政事件訴訟法33条１項）に関する問題です。

　いずれの論点も問題の所在が分かりにくいので，本問を通じて各論点の問題の所在を押さえて頂ければと思います。

1 小問(1)について

1 問題の所在

小問(1)は，取消判決の対世効（行政事件訴訟法32条1項）に関する問題です。

小問(1)では②Aが，本件告示の取消しを求める訴えを提起したところ，裁判所はAの訴えを認容し，判決が確定しました。③その後，Y1は，本件告示を前提とする健康保険料の支払をX1に求めたところ，X1は，本件告示は既に取り消されているとして，本件告示によって増額した部分については，支払義務がないことの確認を求める訴えを提起しています。

まず，行政事件訴訟法32条1項は，「処分又は裁決を取り消す判決は，第三者に対しても効力を有する。」と規定し，取消判決の効力が「第三者」に及ぶことを認めます。

この「第三者」に，原告と利益の対立する（被告と利益を共通にする）者が含まれることについては，争いがありません。

では，小問(1)のX1のように，原告と利益を共通する第三者も「第三者」に含まれ，取消判決の効力は及ぶでしょうか。

2 学説及び判例の立場

(1) 相対的効力説

まず，原告と利益を共通する第三者には取消判決の効力は及ばないという「相対的効力説」という立場があります（東京地決昭40.4.22）。

相対的効力説は，ⅰ取消訴訟は個人の権利救済を目的とするものである，ⅱ行政庁としては取消判決の拘束力（行政事件訴訟法33条）によって判決の趣旨に従った行動を取るはずである，ⅲ原告と利益を共通にする第三者の手続参加の規定が存在しないという点を根拠としています。

(2) 絶対的効力説

相対的効力説とは反対に，原告と利益を共通する第三者には取消判決の効力が及ぶという「絶対的効力説」という立場もあります（最大判平20.9.10【百選Ⅱ152】近藤裁判官補足意見）。

絶対的効力説は，ⅰ条文は，「第三者」の範囲を特に限定していないこと，ⅱ違法の是正は画一的に行うべきであること，ⅲ利害を共通にする第三者との関係で，当該処分の効力が失われるか否かが不明確となり，国又は地方公共団体としても，その後の対応に困難を来しかねないという点を根拠としています。

(3) 判例

この点については，判例も固まっていません。最判平21.11.26【百選Ⅱ204】は，傍論で第三者効について論じていますが，これは絶対的効力説，相対的効力説のいずれにも与するものではないと評されています。

⑷　この点については，以上のとおり判例の評価も固まっておらず，学説でも考え方が分かれているため，いずれの見解に立っても構いません。解答例では，絶対的効力説を採用しています。

2 小問⑵について

1　問題の所在

　④小問⑵では，情報公開法5条1号に該当することを理由とする本件不開示決定1を取り消す判決が確定しています。

　行政事件訴訟法33条1項は，「処分又は裁決を取り消す判決は，その事件について，処分又は裁決をした行政庁その他の関係行政庁を拘束する。」と規定し，取消判決に拘束力を認めます。

　そうだとすると，小問⑵でY2が改めて情報公開法5条3号に該当することを理由として本件不開示決定2をすることは，かかる不開示決定1を取り消す判決の拘束力に反し許されないのではないでしょうか。

2　この点については，紛争の一回的解決の観点から，前訴において主張できた理由に基づく処分は許されないという見解もありますが（大津地判平9.6.2），一般的には，同一事情の下，同一理由に基づいて，同一人に対し，同一内容の処分を行うことはできなくなる（反復禁止効）にとどまり，別の理由による処分は禁止されないと解されています（大阪高判平10.6.30）。

3　この見解に立つ限り，本件不開示決定2が拘束力によって排斥されることはなく，それに理由があれば，X2の訴えは棄却されることになります。

第1　小問(1)について
　1　Aと利害を共通にする第三者であるＸ１も「第三者」（行訴32Ⅰ）に含まれ，判決の効力が及ぶか
　　　　　↓
　2　「第三者」（行訴32Ⅰ）の範囲
　　　　　↓
　　　絶対的効力説
　　　　　↓
　3　Ｘ１にもＡが得た判決の効力が及ぶため，Ｘ１がこれを援用すれば，Ｘ１の訴えは認められる

第2　小問(2)について
　1　本件不開示決定１に対する判決の拘束力に反しないか
　　　　　↓
　2　取消判決の効力
　　　　　↓
　　　反復禁止効
　　　　　↓
　　　行政庁が異なる理由により，同一内容の処分を行うことは妨げられない
　　　　　↓
　3　本件不開示決定２は，取消判決の拘束力に反しないから本件不開示決定２の不開示理由該当性が改めて審理され，該当するとされた場合，Ｘ２の訴えは認められない

第1　小問(1)について

1　本件では，Ｘ1に先行して，被保険者の負担する保険料の値上げの実施を不服とするＡが，本件告示の取消しを求める訴えを提起し，これが認容されて判決が確定しているので，Ｘ1は，この判決の効力が自身にも及んでいるとして，これを援用すると思われる。

　　ここで，かかる取消判決は「第三者」にも効力を有する（行政事件訴訟法（以下，法令名省略。）32条1項）とされているが，原告と利害の対立する第三者に判決効が及ぶことには争いがない。

　　では，本件でＡと利害を共通にする第三者であるＸ1についても「第三者」に含まれ，判決の効力が及ぶか。 ←問題の所在

2　確かに，取消訴訟は原告個人の権利利益を救済することを ←論証
目的とする主観訴訟であるから，訴訟を提起しなかった者についてまで，その効力を拡張する必要はないとも思える。

　　しかし，条文は，「第三者」の範囲を特に限定していないし，また，違法の是正は画一的に行うべきである。さらに，利害を共通にする第三者との関係で，当該処分の効力が失われるか否かが不明確となり，国又は地方公共団体としても，その後の対応に困難を来しかねない。

　　以上より，これらの者にも判決効が及ぶものと解する。

3　したがって，Ｘ1にもＡが得た判決の効力が及ぶと解する

べきである。そして，Ｘ1がこれを援用する結果，本件告示は既に取り消されているものとして取り扱われるため，Ｘ1の訴えは認められる。

第2　小問(2)について

1　本件で，情報公開法5条1号に該当することを理由とする本件不開示決定1を取り消す判決が確定している。

　　そこで，同法5条3号に該当することを理由とする本件不 ←問題の所在
開示決定2はかかる不開示決定1を取り消す判決の拘束力に反しないか。

2(1)　まず，拘束力が認められる結果，行政庁は，少なくとも ←論証
同一事情の下，同一理由に基づいて，同一人に対し，同一内容の処分を行うことはできなくなる（33条1項，反復禁止効）。

(2)　それでは，取消判決が確定した場合，行政庁は異なる理由で同一内容の処分をできるか。

　　拘束力は，取消訴訟の権利救済の実効性を高めるため，行政庁に対し，取消判決に従うという実体法上の義務を課す特殊な効力である。そうだとすれば，判決によって確定された違法事由を超えてその効力を及ぼすものではない。

　　したがって，行政庁が異なる理由により，同一内容の処分を行うことは妨げられない。

3　本問において，本件不開示決定2は，本件不開示決定1と

異なり，情報公開法5条3号に該当することを理由としてい
る点で，取消判決の拘束力に反しない。
　よって，X2は取消判決の拘束力を援用することはできな
い。その結果，後行訴訟において同号に該当するかどうかが
争われ，該当するとされた場合，X2の訴えは認められない。
以　　上

以下の X1及びX2の提起した訴えが認められるか について，論じなさい。

(1) 厚生労働大臣Y1は，「健康保険法の規定による療養に要する費用の額の算定方法」を改正する旨の告示をし（以下「本件告示」という。），被保険者の負担する保険料の値上げを実施した。これを不服とする A が，本件告示の取消しを求める訴えを提起したところ，裁判所はAの訴えを認容し，判決が確定した。その後，Y1は，本件告示を前提とする健康保険料の支払をX1に求めたところ，X1 は，本件告示は既に取り消されているとして，本件告示によって増額した部分については，支払義務がないことの確認を求める訴えを提起した。

(2) X2は，法務大臣Y2に対して，行政機関の保有する情報の公開に関する法律（以下「情報公開法」という。）第3条に基づき，行政文書の開示を求めたところ，Y2は，情報公開法第5条第1号に該当することを理由とする不開示決定（以下「本件不開示決定1」という。）をした。そこで，X2は，本件不開示決定1の取消しを求める訴えを提起したところ，裁判所はX2の訴えを認容し，判決が確定した。

Y2は，行政事件訴訟法第33条第2項に基づき，改めてX2の開示請求を審理したが，今度は，情報公開法第5条第3号に該当するとして，不開示決定をした（以下「本件不開示決定2」という。）。

そこで，X2は，本件不開示決定2の取消しを求める訴えを提起した。

○ X1の訴え

  X1Aの主張説明

    ↓

    論点：対世効の及ぶ範囲

      → 限定なし

      ⇓

    （あてはめ）

○ X2の訴え

    X2の主張説明 ＝ 拘束力により違法．

      ↓

    拘束力 趣旨

      ↓

    同一理由のみ拘束

      ⇓

    （あてはめ）

157

第1 X1の提起した訴えについて

1 X1は、本件告示によって増額された健康保険料について支払義務がないことの確認を求める訴えを提起した上で、Aの取消訴訟(以下「本件訴訟」という。行政事件訴訟法(以下法令名省略。)3条2項)の確定認容判決によって生じる対世効(32条1項)を援用すると考えられる。もっとも、ここで対世効がX1に対しても及ぶのかが問題となる。

2 この点、本件のX1のような、取消訴訟の原告と利益を共通する者については、同項の「第三者」には含まれず、対世効が及ばないとする見解がある。
　しかし、同項の「第三者」という文言には何ら限定がない上、利益を共通しているかどうかは必ずしも明確ではなく、対世効の及ぶ範囲が不明確となってしまうため、このような見解は採り得ない。よって、「第三者」には利益を共通する者も含まれると考える。
　本件においても、Aの取消訴訟の確定認容判決の対世効がX1に及び、X1はこれを援用できる。

3 よって、X1の提起した訴えは認容される。

第2 X2の提起した訴えについて

1 X2は、行政文書の開示請求について、1度され

た不開示決定を取消訴訟によって取り消しているにもかかわらず、33条2項の処分についてまた不開示決定を(以下「再決定」という。)行っている。X2としては、改めて提起した取消訴訟において、この再決定が33条1項の定める拘束力に反していると主張すると考えられる。

2 同項が定められている趣旨は、仮に裁判所の判断によって取り消された処分ないし裁決が、再び下されると、取消訴訟原告の権利利益を保護することが不可能になってしまうという点にある。そうすると、拘束力を及ぼすべきは、裁判所が違法と判断した理由と同一の理由に基づく処分のみであり、異なる理由に基づく処分であれば、再度同一内容の処分を下すことも許されると解すべきである。
　本件においては、確かに「不開示」との決定自体は同一であるが、取り消された処分は情報公開法5条1号に該当するとの理由で下された処分であるのに対し、再決定は同条3号に該当するとの理由で下されている。よって、異なる理由に基づく同一内容の処分であって、33条1項に違反するものではない。

3 よって、情報公開法5条3号に該当することを理由とする再決定に取消事由が存在

すると認められる場合に限り、X2の取消訴訟
は認弁容される。
　　　　　　　　　　　　　　以上.

第 17 問

①Y県A市には，日本の近代の港を特徴付ける5つの遺構がそろって現存する我が国唯一の港湾（以下「本件港湾」という。）が存在する。また，本件港湾付近には，歴史的建造物も多く存在する。これを受けて，Y県自然保護条例では，本件港湾の景観をできる限り維持するよう努める旨の規定がある。

②A市は，本件港湾の一部の公有水面を埋め立てて，橋梁を設置して道路とし，また，駐車場，フェリー・小型船だまりふ頭用地等を整備することを計画し（以下「本件事業」という。），Y県知事に対し，公有水面埋立免許の出願をした。この計画では，免許を得てから3か月以内に，河岸や河川の堤防が流れによって崩壊するのを防いだり，あるいは海岸において波浪や高潮，津波によって地盤や堤防が浸食されるのを防ぐための護岸をコンクリートによって設置する工事に着工し，着工から6か月以内に完成させる予定である。そして，護岸が完成すれば，本件港湾の遺構の1つからの，あるいは逆に遺構を見ようとした場合の視界が遮られることになる。

これに対して，Y県知事は免許を与える予定である。

③A市内に居住するXらは，本件事業が実行されると，景観利益が害されると主張し，Y県を被告とする公有水面埋立免許処分の差止訴訟を提起した。

④Xらの訴えが適法であるかについて，論じなさい。なお，Xらに原告適格が認められることは，前提としてよい。

■ 出題論点

■ 問題処理のポイント

本問は，広島地判平21.10.1を素材とする問題です。

差止訴訟の訴訟要件は，当該要件が「どの条文のどの文言」から導かれるものであるかをしっかりと意識する必要があります。

学習初期の段階から，条文を見て要件を抽出する訓練を積むとよいと思います。

1　本問で問われている点

本問で，③Xらは Y 県を被告とする公有水面埋立免許処分の差止訴訟を提起しています。

そしては，本問で問われているのは，④Xらの訴えが適法であるかについてです。訴えの適法性が問われていますので，差止訴訟の訴訟要件（原告適格を除く）を検討すればよいでしょう。

2

差止訴訟の訴訟要件は，ⅰ「一定の処分……がされようとしている」こと（行政事件訴訟法 3 条 7 項），それにより，ⅱ「重大な損害を生ずるおそれ」があること（以上，37条の 4 第 1 項本文），ⅲ「その損害を避けるため他に適当な方法」がないこと（補充性，同条同項ただし書），ⅳ「法律上の利益」を有すること（原告適格，同条 3 項）です。

3　訴訟要件の検討

1　「一定の処分」

まず，一定の処分については，裁判所の判断が可能な程度に特定されていればよいとされていますが，救済の必要性を基礎づける前提として一定の蓋然性は要求されます（最判平24.2.9【百選Ⅱ207】）。

本問では，Y 県知事が公有水面埋立免許を与える予定であるから，この要件は満たします。

2　「その損害を避けるため他に適当な方法があるとき」（補充性）

「他に適当な方法」とは，ある処分を前提とする処分が存在し，前提処分の取消訴訟を提起すれば後続処分の続行ができない場合（ex. 滞納処分の取消し→換価処分ができない，国税徴収法90条 3 項）などを指すとされ，当事者訴訟や民事訴訟はこれに該当しないとされています。

本問では，Xらのとり得る手段として個別法に救済手段が法定されているなどの事情もないため，補充性の要件も認められます。

3　「重大な損害が生じるおそれ」

この要件については，行政事件訴訟法37の 4 第 2 項に解釈規定が置かれています。

ただし，処分がされることにより生ずるおそれのある損害が，処分がされた後に取消訴訟等を提起して執行停止の決定を受けることなどにより容易に救済を受けることができるものではなく，処分がされる前に差止めを命ずる方法によるのでなければ救済を受けることが困難なものであることを要するとされています（最判平24.2.9【百選Ⅱ207】，取消訴訟との救済ルートの整理）。

本問では，免許を得てから3か月以内に，河岸や河川の堤防が流れによって崩壊するのを防いだり，あるいは海岸において波浪や高潮，津波によって地盤や堤防が浸食されるのを防ぐための護岸をコンクリートによって設置する工事に着工し，着工から6か月以内に完成させる予定です。

免許処分がなされてから取消訴訟を提起し，執行停止を申し立てたとしても，直ちに執行停止の判断がなされるとは考え難く，また，ひとたび護岸が完成すれば，本件港湾の遺構の1つからの，あるいは逆に遺構を見ようとした場合の視界が遮られることとなり，景観利益が損なわれてしまいます。そして，景観利益は，一度損なわれると回復が著しく困難なものであるといえます。

したがって，事前救済が必要な損害であるといえ，「重大な損害が生ずるおそれ」の要件も認められます。

4 **結論**

以上より，Xの訴えは，検討対象外の原告適格を除く訴訟要件をすべて充足しますので，適法に提起することができます。

■答案構成

1 差止訴訟の訴訟要件・本案勝訴要件
　　　　↓
2 ①一定の処分については，裁判所の判断が可能な程度の特定，蓋然性が必要
　　　→肯定
　②重大な損害とは，事前救済が必要な損害をいう
　　　→肯定
　③補充性については，個別法に救済手段が法定されていないことが必要
　　　→肯定
　　　　↓
3 訴訟要件は満たされ，Xらの訴えは適法

1　差止訴訟の訴訟要件は，①「一定の処分……がされようとしている」こと（行政事件訴訟法（以下，法令名省略。）3条7項），それにより，②「重大な損害を生ずるおそれ」があること（以上，37条の4第1項本文），③「その損害を避けるため他に適当な方法」がないこと（補充性，同条同項ただし書），④「法律上の利益」を有すること（原告適格，同条3項）である。本件では，Xらには④原告適格は認められる。 ← 要件の列挙

2　では，他の訴訟要件についてはどうか。

(1)　①「一定の処分」は，裁判所の判断が可能な程度に特定されていればよく，目前急迫性までは必要でないが，単に行われるおそれがあるだけの行政処分の差止訴訟は訴えの利益を欠く。 ← 論証　一定の処分

　　本件では，埋立免許の付与として，裁判所の判断が可能な程度にも特定されているといえ，また，Y県知事は，公有水面埋立免許を与える予定であり，当該処分がなされる蓋然性が相当程度認められる。

　　したがって，①は満たされる。

(2)　次に，②「重大な損害」とは，事前救済である差止めを命じる方法による救済が必要な損害をいい，取消訴訟を提起して執行停止を受けることにより容易に救済を受けられるような性質の損害である場合には，この要件は満たされない。その判断の際には，37条の4第2項に規定されてい ← 論証　重大な損害

る事項を考慮する。

　　本件事業では，免許を得てから3か月以内に，河岸や河川の堤防が流れによって崩壊するのを防いだり，あるいは海岸において波浪や高潮，津波によって地盤や堤防が浸食されるのを防ぐための護岸をコンクリートによって設置する工事に着工し，着工から6か月以内に完成させる予定である。

　　免許処分がなされてから取消訴訟を提起し，執行停止を申し立てたとしても，直ちに執行停止の判断がなされるとは考え難い。

　　また，ひとたび護岸が完成すれば，本件港湾の遺構の1つからの，あるいは逆に遺構を見ようとした場合の視界が遮られることとなり，景観利益が損なわれる。そして，景観利益は，一度損なわれると回復が著しく困難なものであるといえる。

　　したがって，事前救済が必要な損害であるといえ，②「重大な損害が生ずるおそれ」も認められる。

(3)　次に，③補充性についても，Xらのとり得る手段として個別法に救済手段が法定されているなどの事情もなく，認められる。 ← 補充性

3　以上より，訴訟要件は満たされるため，Xらの訴えは適法である。

　　　　　　　　　　　　　　　　　　　　　　　　　以　上

　Y県A市には，日本の近代の港を特徴付ける5つの遺構がそろって現存する我が国唯一の港湾（以下「本件港湾」という。）が存在する。また，本件港湾付近には，歴史的建造物も多く存在する。これを受けて，Y県自然保護条例では，本件港湾の景観をできる限り維持するよう努める旨の規定がある。

　A市は，本件港湾の一部の公有水面を埋め立てて，橋梁を設置して道路とし，また，駐車場，フェリー・小型船だまりふ頭用地等を整備することを計画し（以下「本件事業」という。），Y県知事に対し，公有水面埋立免許の出願をした。この計画では，免許を得てから3か月以内に，河岸や河川の堤防が流れによって崩壊するのを防いだり，あるいは海岸において波浪や高潮，津波によって地盤や堤防が浸食されるのを防ぐための護岸をコンクリートによって設置する工事に着工し，着工から6か月以内に完成させる予定である。そして，護岸が完成すれば，本件港湾の遺構の1つからの，あるいは逆に遺構を見ようとした場合の視界が遮られることになる。

　これに対して，Y県知事は免許を与える予定である。

　A市内に居住するXらは，本件事業が実行されると，景観利益が害されると主張し，Y県を被告とする公有水面埋立免許処分の差止訴訟を提起した。

　Xらの訴えが適法であるかについて，論じなさい。なお，Xらに原告適格が認められることは，前提としてよい。

差止めの訴訟要件
① 一定の処分 & その蓋然性 → 37の4−1
② 重損 → 37の4−1
　　　　　　　　　　　　　　3−7
③ 補充性 → 37の4−1但
④ 原適 → 不要.

① (1)特定の問題なし
　　　趣旨…審判対象の明示
　(2) 蓋然性
　　　　→ あり

② 取消 & 執行停止では
　　救済できない場合
　→ 6ヶ月で完成する。→ 景観失われる
　→ この間にすぐ執行停止　　↓
　　できるか不明。　　　　回復
　　　　　　　　　　　　　困難.

③ 個別法に救済手段あるか
　　→ ない

1　　差止め訴訟の要件は、原告適格を除くと、
①「一定の処分…がされようとしている」(行政事件
訴訟法3条7項)こと、②「重大な損害を生ずる
おそれがある」(行政事件訴訟法37条の4第1項
本文)こと、③Xの損害を避けるため他に適する方
方法(行政事件訴訟法37条の4第1項本文)がない
こと、である。以下、①②③の充足性を検討する。

2　　まず①について検討する。
①は、未だされていない処分の違法性を判断する
差止め訴訟の性質より当然に要求される、処分の特定
性を指す。加えて、差止め訴訟をする実益、つまり処分の
蓋然性も要求される。
　　本件は、Y県知事の本件事業についての公有水面
埋立免許処分が差止めを求める処分であり、特定され
ている。また、Y県知事が上記処分をする予定
であることから蓋然性も認められる。
　　よって①に充足する。

3　　次に②について検討する。
　　差止め訴訟が前倒しの取消訴訟であることから
すると、②は、処分後に、取消訴訟を提起して、
執行停止の決定を受けることで容易に救済を
受けることができない損害を指すと解釈すべきである。

　　本件は、護岸が完成すると、本件港湾の
遺構の1つからの、あるいは逆に遺構を見ようとした
場合の視界が遮られることになる。本件港湾は、
日本の近代の港を特徴づける5つの遺構がそろっ
て現存する我が国唯一の港湾であり、付近には
歴史的建造物も多く存在し、そこでの景観は、
重要な利益と評価することができる。
　　そして、護岸が完成すると、上記利益を回復すること
は、極めて困難となる。
　　公有水面埋立免許処分がされると、3ケ月以
内に工事が着工し、着工時点から6ケ月以内
に護岸工事が完成する。この間に、執行停止
の申立てが認められるとは限らない。
　　したがって、処分後に、取消訴訟を提起して、
執行停止の決定を受けることで容易に救済を受
けることができないといえ、②を充足する。

4　　最後に③について検討する。
　　補充性③は、個別法に救済手段が法定
されていないことを指すところ、このような規定も認め
られない。よって③を充足する。

5　　以上より、Xの訴えは、適法である。

①A県の住民であるXは，ある日，解体業者Bが，自宅の隣地である空き地（以下「本件現場」という。）に大量の産業廃棄物を不法投棄しているのを発見した。Xは，Bに対して，その場で説明を求めたが，取り合ってもらえなかった。Bが不法投棄をした産業廃棄物は，かなりの重量があるものが含まれており，万が一崩れ落ちてXや通行人等に衝突した場合には，重大な結果を招来する危険がある。

②そこで，Xは，A県に対して，除去命令を発してほしいと申し入れた。すると，A県知事であるYは，「調査の上，適切な対応をする。」と回答した。

③しかし，いつまで経っても，Yは何らの対応もしてくれず，その後，Xが，Yに対して，何度も除去命令を依頼しているが，その度に，Yは，「調査する。」という回答を繰り返している。

④Yは，本件現場に行き，大量の産業廃棄物が不法投棄されていることを確認するとともに，これを行った者がBであることも調査したが，合理的な理由なく，何らの対応もしていない。

〔設問〕

　Xが，Yに対して，とることができる行政事件訴訟法上の手段（仮の救済手段を除く。）について，論じなさい。なお，Bの行った不法投棄が，廃棄物の処理及び清掃に関する法律第19条の5第1項第1号に定める「産業廃棄物処理基準……に適合しない産業廃棄物の……処分」に当たること，及びXに原告適格が認められることは前提としてよい。

【参照法令】　廃棄物の処理及び清掃に関する法律（昭和45年12月25日法律第137号）（抜粋）

第19条の5　産業廃棄物処理基準（中略）に適合しない産業廃棄物の（中略）処分が行われた場合において，生活環境の保全上支障が生じ，又は生ずるおそれがあると認められるときは，都道府県知事（中略）は，必要な限度において，次に掲げる者（中略）に対し，期限を定めて，その支障の除去等の措置を講ずべきことを命ずることができる。

一　当該（中略）処分を行つた者（後略）

二～五　（略）

2　（略）

□ 問題処理のポイント

本問は非申請型義務付け訴訟に関する問題です。

本問は，第17問と異なり，「行政訴訟法上の手段」が問われていますので，訴訟要件だけでなく，本案勝訴要件まで検討する必要がある点に注意しましょう。

訴訟要件，本案勝訴要件を条文に沿って漏れなく検討する必要があるという点は，第17問と同じです。

□ 答案作成の過程

1 訴訟選択

③本問でXはA県に対して何度も除却命令を依頼していますが，それに対してA県知事のYは「調査する」という回答を繰り返し，④何らの対応をしません。

Xとしては除却命令を発してほしいと考えているため，それを実現できる手段を選択する必要がありますが，本問でXには除却命令について申請権があるわけではないので，非申請型義務付け訴訟が最も適切な手段となります。

2 訴訟要件

1 「一定の処分」（行政事件訴訟法37条の2第1項）

「一定の処分」（行政事件訴訟法37条の2第1項）については，裁判所の判断が可能な程度に特定されていればよいと解されています。この点は「一定の蓋然性」を求める差止訴訟と異なるため注意が必要です（本書第17問参照）。

本問では，本件現場に不法投棄された大量の産業廃棄物の除却を求めるという点において，特定されていますので，「一定の処分」の要件は満たします。

2 「重大な損害を生ずるおそれ」（37条の2第1項）

(1) 重大な損害の認定に当たっては，損害の回復の困難の程度を考慮し，損害の性質及び程度並びに処分の内容及び性質をも勘案して判断するとされています（37条の2第2項）。

一般には，本問のように，生命・身体に対する損害の場合には，原則として，重大な損害を生ずるおそれが認められると判断されることが多いとされています。

(2) 本問では，Bが不法投棄をした産業廃棄物は，かなりの重量があるものが含まれており，万が一崩れ落ちてXに衝突した場合には，重大な結果を招来する危険があるため，人の生命・身体の安全に対する侵害のおそれがあります。そうだとすれば，Xに対して生じ得る損害は，事後的な金銭賠償により，補塡で

きる性質のものではなく，回復が不可能又は著しく困難なものであるといえますので，「重大な損害が生ずるおそれ」の要件も認められます。

3 「他に適当な方法がない」（同条１項）

「他に適当な方法」とは，行政過程で特別の救済ルートが定められている場合をいいます。

本問では，そのような規定は見当たらないため，「他に適当な方法がない」の要件も満たします。

4 そして，Ｘには，原告適格が認められるため，非申請型義務付け訴訟の訴訟要件はすべて満たされます。

3 本案勝訴要件（37条の２第５項）

1 非申請型義務付け訴訟の本案勝訴要件としては，ⅰ行政庁が処分すべきことが法令の規定から明らかであると認められるか，又はⅱ行政庁が処分しないことが裁量権の範囲を超え，若しくはその濫用となると認められることが必要です。

2 廃棄物の処理及び清掃に関する法律19条の５第１項によれば，知事は，「必要な限度において」除去命令「等」が「できる」とされており，権限を行使するか，いかなる限度で行使するか，どのような態様で行使するかについて知事に効果裁量が認められます。そこで，ⅱの要件が満たすかを検討することになります。

3 本問では，Ｙは，本件現場に行き，大量の産業廃棄物が不法投棄されていることを確認するとともに，これを行った者がＢであることも調査を終えています。そして，不法投棄物が，崩れ落ちてＸや通行人等に衝突した場合には，重大な結果を招来するおそれがあるので，「生活環境の保全上支障が生じ，又は生ずるおそれがある」ことは明らかです。それにもかかわらず，Ｙは，合理的な理由なく，何らの対応もしていないのであるから，権限の不行使は，法の趣旨・目的に照らし，その不行使が著しく不合理であると認められます。

4 したがって，本案勝訴要件も満たされることになります。

4 以上より，訴訟要件，本案勝訴要件ともに満たしますので，Ｘによる非申請型義務付け訴訟は認められます。

1 法的手段
非申請型義務付け訴訟（3Ⅵ①）
↓
2 訴訟要件
義務付け訴訟の訴訟要件・本案勝訴要件
↓
①「一定の処分」→肯定
②「重大な損害を生ずるおそれ」→肯定
③「他に適当な方法がない」→肯定
↓
Ｘには，原告適格が認められるから，訴え提起は適法
↓
3 本案勝訴要件
①行政庁が処分すべきことが法令の規定から明らかであると認められること
　又は
②行政庁が処分しないことが裁量権の範囲を超え，若しくはその濫用となる
　と認められること
↓
裁量があるから，②を検討
↓
あてはめ
↓
4 認容される

1　法的手段

　　ＸはＹに対し，解体業者Ｂへ除去命令等の権限を行使することを求めている。そして，上記命令権限は，申請によらずにＹが発するものであるから，Ｘは，Ａ県を被告として，非申請型の義務付け訴訟（行政事件訴訟法（以下，法令名省略。）3条6項1号）を提起すべきである。

2　訴訟要件

(1)　「一定の処分」（37条の2第1項）

　　裁判所の判断が可能な程度に特定されていればよいと解されるところ，本問では，本件現場に不法投棄された大量の産業廃棄物の除却を求めるという点において，特定されているといえる。

(2)　「重大な損害を生ずるおそれ」（同項）があること

　　重大な損害の認定に当たっては，損害の回復の困難の程度を考慮し，損害の性質及び程度並びに処分の内容及び性質をも勘案して判断する（37条の2第2項）。

　　本問では，Ｂが不法投棄をした産業廃棄物は，かなりの重量があるものが含まれており，万が一崩れ落ちてＸに衝突した場合には，重大な結果を招来する危険があるため，人の生命・身体の安全に対する侵害のおそれがある。そうだとすれば，Ｘに対して生じ得る損害は，事後的な金銭賠償により，補填できる性質のものではなく，回復が不可能

又は著しく困難なものであるから，「重大な損害が生ずるおそれ」が認められる。

(3)　「他に適当な方法がない」（同条1項）こと

　　「他に適当な方法」とは，行政過程で特別の救済ルートが定められている場合をいう。

　　本問では，そのような規定は見当たらないため，「他に適当な方法がない」といえる。

(4)　そして，Ｘには，原告適格が認められるため，Ｘは，Ｙを被告として，非申請型の義務付け訴訟を提起することができる。

3　本案勝訴要件（37条の2第5項）

(1)　本案勝訴要件としては，①行政庁が処分すべきことが法令の規定から明らかであると認められるか，又は②行政庁が処分しないことが裁量権の範囲を超え，若しくはその濫用となると認められることが必要である。

(2)　廃棄物の処理及び清掃に関する法律19条の5第1項によれば，知事は，「必要な限度において」除去命令「等」が「できる」とされており，権限を行使するか，いかなる限度で行使するか，どのような態様で行使するか否かはＹの裁量事項であることは明らかである。そこで，②の要件が満たすかを検討することになる。

　　本問では，Ｙは，本件現場に行き，大量の産業廃棄物が

←法的手段の検討

←訴訟要件を一つ一つ検討

←論証

←論証

←本案勝訴要件まで論じる必要がある

←論証

不法投棄されていることを確認するとともに、これを行った者がBであることも調査を終えている。そして、不法投棄物が、崩れ落ちてXや通行人等に衝突した場合には、重大な結果を招来するおそれがあるのであるから、「生活環境の保全上支障が生じ、又は生ずるおそれがある」ことは明らかである。にもかかわらず、Yは、合理的な理由なく、何らの対応もしていないのであるから、権限の不行使は、法の趣旨・目的に照らし、その不行使が著しく不合理であると認められる。

4 以上より、Xによる非申請型義務付け訴訟は認められる。

以 上

　A県の住民であるXは，ある日，解体業者Bが，自宅の隣地である空き地（以下「本件現場」という。）に大量の産業廃棄物を不法投棄しているのを発見した。Xは，Bに対して，その場で説明を求めたが，取り合ってもらえなかった。Bが不法投棄をした産業廃棄物は，かなりの重量があるものが含まれており，万が一崩れ落ちてXや通行人等に衝突した場合には，重大な結果を招来する危険がある。

　そこで，Xは，A県に対して，除去命令を発してほしいと申し入れた。すると，A県知事であるYは，「調査の上，適切な対応をする。」と回答した。

　しかし，いつまで経っても，Yは何らの対応もしてくれず，その後，Xが，Yに対して，何度も除去命令を依頼しているが，その度に，Yは，「調査する。」という回答を繰り返している。

　Yは，本件現場に行き，大量の産業廃棄物が不法投棄されていることを確認するとともに，これを行った者がBであることも調査したが，合理的な理由なく，何らの対応もしていない。

〔設問〕

　Xが，Yに対して，とることができる行政事件訴訟法上の手段（仮の救済手段を除く。）について，論じなさい。なお，Bの行った不法投棄が，廃棄物の処理及び清掃に関する法律第19条の5第1項第1号に定める「産業廃棄物処理基準……に適合しない産業廃棄物の……処分」に当たること，及びXに原告適格が認められることは前提としてよい。

【参照法令】

○　廃棄物の処理及び清掃に関する法律（昭和45年12月25日法律第137号）（抜粋）

第19条の5　産業廃棄物処理基準（中略）に適合しない産業廃棄物の（中略）処分が行われた場合において，生活環境の保全上支障が生じ，又は生ずるおそれがあると認められるときは，都道府県知事（中略）は，必要な限度において，次に掲げる者（中略）に対し，期限を定めて，その支障の除去等の措置を講ずべきことを命ずることができる。

　一　当該（中略）処分を行つた者（後略）

　二～五　（略）

2　（略）

非申請型 義務付け 訴訟 (37の2)
∵ 申請権が X にないので

活19の5には.

1   訴訟 要件

(1) 「一定の処分」
     → 特定
     → OK

(2) 重損
     → 生命・身体.

(3) 補充性
     → OK

2   本案

裁量の 認定
     ↓
逸脱・濫用
     ↓
    OK

1　Xは、A県に対して、Bへ廃棄物の処理及び清掃
に関する法律（以下「法」とする）19条の5第1項に基づ
く除却命令を発することを義務付ける訴えを
提起すべきである。
　　Xは法19条の5第1項について申請権を有してい
ないため、非申請型義務付け訴訟（行政事件訴訟法
37条の2）によることとする。
　　訴訟要件は、原告適格を除き、①「一定の処
分」（行政事件訴訟法37条の2第1項）であること、②
「重大な損害を生ずるおそれ」（同上）があること、③
「他に適当な方法がない」（同上）ことである。
①から③を充足するか、以下検討する。

2　　①について検討する。
　　①が要求される理由は、裁判所に対して審判対象
を特定する点にある。法19条の5第1項に基づいて、
Bに対して除却命令等の措置を義務付けることを求め
ていることさえ判明すれば、裁判所は審判対象を認
識することができるため、①は充足する。

3　　②について検討する。
　　この判断にあたっては、行政事件訴訟法37条の2第
2項を基準とする。
　　Bが不法投棄をした産業廃棄物は、かなりの重量

があるものが含まれ、ラバーが崩れ落ちてXや通行
人等に衝突してくる場合、生命・身体といった極
めて重要な利益が侵害されることとなる。このよ
うな人格的利益は、事後的な金銭賠償に馴染
まないものであり、回復も極めて困難である。
　　したがって、上記基準より「重大な損害」といえ、
②を充足する。

4　　③について検討する。
　　補充性は、行政過程で特別の救済ルート
が定められている場合にのみ否定される。
　　本件は、そのような規定はないので、③を
充足する。

5　　したがって、Xは適法に、非申請型義務付け
訴訟を提起することができる。
　　次に、本案について検討する。本案勝訴
要件は、行政事件訴訟法37条の2第5項が
規定する。
　　前提として、法19条の5第1項には効果裁量
が認められる。「できる」という文言、及びF「産業
廃棄物を撤去して、生活環境を保全すること」は、
政治が責任を負うべき事項であるからである。
　　但し、不法投棄したにもかかわらず、撤去

命令を出していないことは、法の趣旨・目的との
関係で例外的なことであり、裁量は狭いと
解釈すべきである。
　裁量権の行使が違法となるかは、その判
断過程を審査し、他事考慮、考慮不尽等に
より社会通念上著しく妥当性を欠く場合かどうか
で判断する。

6　　Yは、本件現場に行き、大量の産業廃棄物
が不法投棄されていること及び、これを行った者
がBであることも調査している。しかし、不法投
棄によって、生命・身体等に危険が生じていると
いう現状を軽視して怒いは考慮に入れず、
合理的な理由もなく、何らの対応をしていない。
　よって、Yの裁量権の行使は、社会通念上
著しく妥当性を欠き、違法である。

7　　したがって、Xの請求は認容される。
　　　　　　　　　　　　　　　　　　以上.

　①Ｙ県の巡査であるＡら３名は，パトカーに乗車してパトロール中，Ｂの運転する自動車（以下「加害車両」という）が速度違反をしていると認め，同車の追跡を開始した。加害車両は，一旦急速度で逃走したものの停車したため，パトカーも同車の進路を塞ぐように停止し，同車の車両番号を確認した。しかし，Ａが事情を聴取するためパトカーから下車して加害車両に歩み寄ったところ，同車は突如Ｕターンして再び急加速して逃走を開始した。Ａらは直ちにパトカーの赤色灯をつけサイレンを吹鳴して再び追跡を開始し，同時に県内各署に無線手配を行った。

　②Ｂは，追跡が続行されていることに気付き，再び時速約110キロメートルに加速し，３か所の信号を無視して進行した。他方，Ａらの乗車するパトカーは，道路が片道一車線で右にカーブしており加害車両が見えなくなったため，赤色灯は点灯したまま，サイレンの吹鳴を中止し，減速して進行した。その後，Ｂは，赤信号を無視して交差点に進入し，同交差点を青信号に従い進行中のＣ運転車両に衝突し，そのため，Ｃ車両が青信号に従って進行してきたＸらの乗る対向車両に激突して，Ｘらは顔面挫傷，骨盤骨折，大腿骨骨折等の傷害を負った。

　③Ｘらは，Ａらの追跡が違法であったとして，Ｙに対して国家賠償を請求したいと考えているが，認められるか。

【参照法令】
○　警察法（昭和29年６月８日法律第162号）（抜粋）
（警察の責務）
第２条　警察は，個人の生命，身体及び財産の保護に任じ，犯罪の予防，鎮圧及び捜査，被疑者の逮捕，交通の取締その他公共の安全と秩序の維持に当ることをもつてその責務とする。
２　（略）
（現行犯人に関する職権行使）
第65条　警察官は，いかなる地域においても，刑事訴訟法（括弧内略）第212条に規定する現行犯人の逮捕に関しては，警察官としての職権を行うことができる。

○ 警察官職務執行法（昭和23年7月12日法律第136号）（抜粋）

（質問）

第2条 警察官は，異常な挙動その他周囲の事情から合理的に判断して何らか
の犯罪を犯し，若しくは犯そうとしていると疑うに足りる相当な理由のある
者又は既に行われた犯罪について，若しくは犯罪が行われようとしているこ
とについて知つていると認められる者を停止させて質問することができる。

2～4 （略）

▢ 出題論点

▢ 問題処理のポイント

本問は，最判昭61.2.27【百選Ⅱ216】を素材とする問題です。

国家賠償法1条1項の要件のうち「違法」性が中心的な問題となることは明らか
ですが，その他の要件を検討することも忘れないようにしましょう。

▢ 答案作成の過程

1 問題の所在

③本問でXらは，Aらの追跡が違法であったとして，Yに対して国家賠償を請
求したいと考えているため，国家賠償法1条1項の要件を充足するかを検討する
ことになります。

2 国家賠償法1条1項の要件

1 まず国家賠償法1条1項の請求の要件は，ⅰ「公権力の行使」に当たる「公務
員」の行為であること，ⅱ「職務」行為，ⅲ「故意又は過失」，ⅳ「違法」性，
ⅴ「損害」の発生，ⅵ因果関係（「よつて」）です。

2 問題のない要件

AらはY県の巡査であるところ，Bを追跡をする行為は警察官のⅱ職務行為と
いえ，ⅰ「公権力の行使」に当たる公務員の行為といえます。また，Xらには顔
面挫傷等の傷害を負うというⅴ損害が発生しています。かかる損害はAらの追跡
行為により発生していますので，ⅵ因果関係が認められます。

3 「違法」性

(1) では，ⅳ「違法」性の要件は認められるでしょうか。AらによるB追跡行為
が「違法」といえるかが問題となります。もっとも，国家賠償法上は，「違法」

の意義が明らかでないため，どのような基準で「違法」性を判断するかが問題になります。

(2) 「違法」性に関する一般的な規範

　この点について，国家賠償法の被害者救済機能を重視して，行為の結果を基準として違法性を判断するべきとする見解もあります（結果不法説）。

　しかし，行政作用に対しては，法令や一般原則の形で行為規範が定められているため，行為規範に違反しない以上，行政作用を違法とするべきではありません。

　したがって，行為に着目して違法性を判断するべきであるといえます。さらに，公務員が職務上通常尽くすべき義務を尽くしたのであれば，行為当時の状況を基準として当該公務員が法令等によって要求される義務を果たしていたといえますので，当該公務員の行為を違法というべきではありません。

　そこで，公務員の行為が行為規範に違反し，かつ，職務上尽くすべき義務を尽くさなかった場合に限り，国賠法上違法となると考えます（職務行為基準説）。

(3) 本問における具体的な規範

　これを警察官が速度違反者を追跡する場合についてみると，警察官は，異常な挙動その他周囲の事情から合理的に判断して何らかの犯罪を犯したと疑うに足りる相当な理由のある者を停止させ質問したり（警察官職務執行法2条1項），現行犯人を現認した場合には逮捕する職責を負います（警察法2条, 65条）。

　この職責を遂行する目的のため，被疑者を追跡することは当然になし得ることなので，警察官がかかる目的のために，逃走する者をパトカーで追跡する職務の執行中に，逃走車両の走行により第三者が損害を被った場合において，追跡行為が違法であるというためには，上記追跡が職務目的を遂行する上で不必要であるか，又は逃走車両の逃走の態様，及び道路交通状況等から予測される被害発生の具体的危険性の有無及び内容に照らし，追跡の開始・継続若しくは追跡の方法が不相当であることを要します。

　かかる事情があれば，警察官の職務上通常尽くすべき注意義務を尽くしたとはいえないためです。

(4) あてはめ

　本問で，巡査Aら3名は，Bが速度違反をしていることを認めているので，現行犯人として逮捕したり，職務質問を行う職責を負っていました。また，加害車両の車体番号は確認していたものの，運転者の氏名等は確認できておらず，県内各署に無線手配をしていたとしても，逃走する加害車両に対して究極的には追跡する必要があったといえます。

　そしてAらは加害車両が見えなくなった後は，赤色灯は点灯させているものの，サイレンの吹鳴は中止しており，安全に配慮をしているといえます。また，速度も減速しており，無理な追跡は行っていません。

したがって，本件パトカーによる追跡方法自体には，特に危険を伴うものはなかったといえます。

上述のように，安全に配慮して追跡していた以上，Ａらが当時，追跡によって第三者に被害が生じる蓋然性のある具体的な危険性を予測し得たとはいえません。

したがって，Ａらの追跡方法は不相当であるとはいえません。

以上より，Ａらによる本件追跡行為は「違法」であるとはいえません。

4 結論

よって，国家賠償法１条１項の「違法性」要件を満たしませんので，Ｘらは，Ｙに対し損害賠償を請求することはできないということになります。

■答案構成

1 国家賠償法１条１項の要件

2 違法性以外の要件検討

3 違法性

職務行為基準説

あてはめ

4 Ｘらは，Ｙに対し損害賠償を請求することはできない

1　国家賠償法（以下，法令名省略。）1条1項の請求の要件は，
①「公権力の行使」に当たる公務員の行為であること，②職
務行為，③故意又は過失，④違法性，⑤損害の発生，⑥因果
関係である。

2　AらはY県の巡査であるところ，Bを追跡をする行為は警 ←問題ない要件は簡単に認定
察官の②職務行為といえ，①「公権力の行使」に当たる公務　　している
員の行為といえる。また，Xらには顔面挫傷等の傷害を負う
という⑤損害が発生している。かかる損害はAらの追跡行為
により発生しているので，⑥因果関係が認められる。

3(1)　では，④「違法」性はあるか。Xらが国家賠償を請求す ←論証
るに当たっては，AらによるB追跡行為が「違法」といえ
るかが問題となる。もっとも，国家賠償法における「違法」
（1条1項）とは何か，その意義が明らかでなく問題となる。

この点について，国家賠償法の被害者救済機能を重視し ←本問は結果不法説に立つと
て，行為の結果を基準として違法性を判断するべきとする　　結論が変わる可能性がある
見解もある。　　　　　　　　　　　　　　　　　　　　　　ので，反対説にも言及して

しかし，行政作用に対しては，法令や一般原則の形で行　　いる
為規範が定められているのだから，行為規範に違反しない
以上，行政作用を違法とするべきではない。

したがって，行為に着目して違法性を判断するべきであ
る。

さらに，公務員が職務上通常尽くすべき義務を尽くした

のであれば，行為当時の状況を基準として当該公務員が法
令等によって要求される義務を果たしていたといえるのだ
から，当該公務員の行為を違法というべきではない。

そこで，公務員の行為が行為規範に違反し，かつ，職務
上尽くすべき義務を尽くさなかった場合に限り，国賠法上
違法となると考える。

(2)ア　警察官が速度違反者を追跡する場合についてみると， ←本問での具体的な基準
警察官は，異常な挙動その他周囲の事情から合理的に判
断して何らかの犯罪を犯したと疑うに足りる相当な理由
のある者を停止させ質問したり（警察官職務執行法2条
1項），現行犯人を現認した場合には逮捕する職責を負
う（警察法2条，65条）。

この職責を遂行する目的のため，被疑者を追跡するこ
とは当然になし得ることなので，警察官がかかる目的の
ために，逃走する者をパトカーで追跡する職務の執行中
に，逃走車両の走行により第三者が損害を被った場合に
おいて，追跡行為が違法であるというためには，上記追
跡が職務目的を遂行する上で不必要であるか，又は逃走
車両の逃走の態様，及び道路交通状況等から予測される
被害発生の具体的危険性の有無及び内容に照らし，追跡
の開始・継続若しくは追跡の方法が不相当であることを
要する。かかる事情があれば，警察官の職務上通常尽く

すべき注意義務を尽くしたとはいえないからである。
イ　本問で，巡査Aら3名は，Bが速度違反をしているこ　←あてはめ
　とを認めているので，現行犯人として逮捕したり，職務
　質問を行う職責を負っていた。また，加害車両の車体番
　号は確認していたものの，運転者の氏名等は確認できて
　おらず，県内各署に無線手配をしていたとしても，逃走
　する加害車両に対して究極的には追跡する必要があった
　といえる。
　　Aらは加害車両が見えなくなった後は，赤色灯は点灯
　させているものの，サイレンの吹鳴は中止しており，安
　全に配慮をしているといえる。また，速度も減速してお
　り，無理な追跡は行っていない。したがって，本件パト
　カーによる追跡方法自体には，特に危険を伴うものはな
　かったといえる。
　　また，上述のように，安全に配慮して追跡していた以
　上，Aらが当時，追跡によって第三者に被害が生じる蓋
　然性のある具体的な危険性を予測し得たとはいえない。
　　したがって，Aらの追跡方法は不相当であるとはいえ
　ない。
ウ　以上より，Aらによる本件追跡行為は「違法」である
　とはいえない。
4　よって，Xらは，Yに対し損害賠償を請求することはでき

ない。

　　　　　　　　　　　　　　　　　　　　　　以　上

⊕：違法性ありの方向
⊖：違法性なしの方向

　Ｙ県の巡査であるＡら３名は，パトカーに乗車してパトロール中，Ｂの運転する自動車（以下「加害車両」という）が速度違反をしていると認め，同車の追跡を開始した。加害車両は，一旦急速度で逃走したものの停車したため，パトカーも同車の進路を塞ぐように停止し，⊕同車の車両番号を確認した。しかし，Ａが事情を聴取するためパトカーから下車して加害車両に歩み寄ったところ，同車は突如Ｕターンして⊖再び急加速して逃走を開始した。Ａらは直ちにパトカーの赤色灯をつけサイレンを吹鳴して再び追跡を開始し，同時に県内各署に無線手配を行った。

　Ｂは，追跡が続行されていることに気付き，再び時速約<u>１１０キロメートル</u>に加速し，３か所の信号を無視して進行した。他方，⊖<u>Ａらの乗車するパトカーは，道路が片道一車線で右にカーブしており加害車両が見えなくなったため，赤色灯は点灯したまま，サイレンの吹鳴を中止し，減速して進行した</u>。その後，Ｂは，赤信号を無視して交差点に進入し，同交差点を青信号に従い進行中のＣ運転車両に衝突し，そのため，Ｃ車両が青信号に従って進行してきたＸらの乗る対向車両に激突して，Ｘらは顔面挫傷，骨盤挫折，大腿骨折等の傷害を負った。

　Ｘらは，Ａらの追跡が違法であったとして，Ｙに対して国家賠償を請求したいと考えているが，認められるか。

【参照法令】⇒ 法的義務の認定に使う。

○　警察法（昭和２９年６月８日法律第１６２号）（抜粋）

（警察の責務）
これのために権力を行使
第２条　警察は，個人の生命，身体及び財産の保護に任じ，犯罪の予防，鎮圧及び捜査，被疑者の逮捕，交通の取締その他公共の安全と秩序の維持に当ることをもつてその責務とする。

２　（略）

（現行犯人に関する職権行使）
第６５条　警察官は，<u>いかなる地域においても</u>，刑事訴訟法（括弧内略）<u>第２１２条に規定する現行犯人の逮捕に関しては，警察官としての職権を行うことができる。</u>

○　警察官職務執行法（昭和２３年７月１２日法律第１３６号）（抜粋）

（質問）
第２条　警察官は，<u>異常な挙動その他周囲の事情から合理的に判断して何らかの犯罪を犯し，若しくは犯そうとしていると疑うに足りる相当な理由のある者</u>又は既に行われた犯罪について，若しくは犯罪が行われようとしていることについて知つていると認められる者を停止させて質問することができる。

２～４　（略）

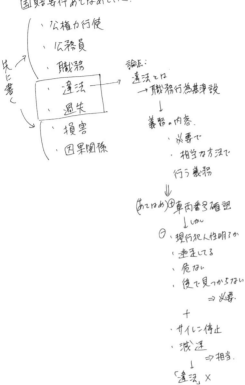

1　Xらとしては、国家賠償法（以下法令名省略。）1条
1項に基づき、Yに対して国家賠償を請求することが考えられ
る。よって、以下同項の要件を充たすか検討する。
2　(1)　まず、Aらはy県の巡査であり、「公共団体の公権力の
行使に当る公務員」といえる。
(2)　また、Aらは、巡査の「職務」として、Bの運転する加害車両
が速度違反を犯したためにBを追跡していた。
(3)　AらがBを追跡していたことによって、逃走を図ったBの加
害車両がCの運転車両に衝突し、車両さらにC車両
がXらの車両に激突して、Xらは顔面挫傷、骨盤骨折、
大腿骨骨折等の傷害を負っている。
　　よって、Aらの追跡行為「によって」、Xらに医療費等分の「損害」
や精神的な「損害」を与えている。
(4)ア　では、AらがBを追跡した行為が「違法」といえるか。
イ　ここでいう「違法」とは、結果を基準とすると公務員の
職務に萎縮効果が生じてしまうことや、円滑な行政を
確保しなければならないことに鑑み、公務員が具体的
状況下で職務上尽くすべき法的義務に違反すること
であると考える。
ウ　Aら巡査は警察法及び警察官職務執行（以下「警職法」
という。）に組織及び職務の法的根拠があるのだから、上
記の法的義務についてはこれらの法律に基づいて判断する
ことになる。
　　警察法65条上については、警察官が現行犯人を逮捕
することがいかなる地域においても認められると一応規定さ
れているが、これはあくまで対象者が現行犯人で
あることが明らかである場合に限られ（刑事訴訟法212
条参照）、また、警職法2条1項に基づく職務質問が
認められるのも、諸事情から「合理的に判断して」、犯罪に
関与していると認められる場合のみである。
　　他方で、警察官の職務の究極目的は「個人の生命、身
体及び財産の保護」にあるのだから、これらを害するような
手段と考えられるような不相当な方法で行われてはいけない。
　　以上より、Aら巡査には、事件当時の追指力行使の必
要性を合理的に判断して、必要と判断すべき場合にのみ
個人の生命、身体、財産を害さないような相当な方法で
指力を行使すべき法的な義務があったといえる。
エ　Aらは確かに、1度パトカーから下車して加害車両に
歩み寄った際に、同車両の車両番号を確認しており、直ち
にBを追跡する必要はなかったかとも見える。
　　しかし、Bが速度違反を犯したことは明らかであり、
逃走を始めたことからもその悪質性は高く、他の車両に
何らかの租害を及ぼすおそれがある。また、直ちに追跡を
しなければ、いくらその時点で車両番号を確認していたと

してもあとでB子を発見することは容易ではない。よって、この時点で、AらがBを追跡すべき必要性はあったと判断すべきである。

また、Aらのパトカーは、時速約110キロメートルで走行するBの車両がカーブで見えなくなった後、赤色灯を点灯させたままサイレンの吹鳴を中止し、減速して進行したのである。このような事情からすれば、Aらは個人の生命や身体を害さないであろう相当な手段でBを追跡していたということができる。

以上から、Aらの追跡はAらの職務上尽くすべき注法的義務に違反するものとはいえず、「違法」要件は充たされない。

3 したがって、Xらの国家賠償請求は認められない。

以上

①Aは，B県内でも2番目に交通量の多い道路である国道（以下「本件道路」という。）を自動車で走行中に，物損事故を起こした（以下「本件事故」という。）。本件事故により，Aの自動車は，車輪やハンドルが故障し，走行することができなくなったため，本件道路の中央付近に駐車させたまま，放置された。本件事故の約87時間後に本件道路を走行していたXは，本件道路上に放置されたAの自動車に衝突し，頭蓋骨骨折により即死した。

②なお，本件道路を管理する出張所には，パトロール車の配置がなく，出張所の職員が物件放置の有無等を含めて随時巡視するだけで，常時巡視はしておらず，同職員は，本件事故発生後，XがAの自動車に衝突するまで，本件事故が発生した事実に気付かず，故障した自動車が本件道路上に長時間放置されたままであった。

③以上の事案において，Xは，国に対して，国家賠償請求を求めることができるかについて，論じなさい。

■ 出題論点
・国家賠償法2条関係 ··· B

■ 問題処理のポイント

　本問は，最判昭50.7.25【百選Ⅱ236】を素材として，道路の管理の不備が「瑕疵」（国賠法2条1項）に当たるかを検討させる問題です。

　国家賠償法2条についても，第19問の国家賠償法1条同様，すべての要件を検討する姿勢が大切になります。

　「設置又は管理の瑕疵」の有無をどのように判断するかについては，様々な考え方がありますが，まずは判例がどのような事情を考慮しているのかを考察してみることをお勧めします。

■ 答案作成の過程

1 問題の所在

　③本問では，Xが，国に対して，国家賠償請求を求めることができるかが問われています。

　そのため，請求の根拠としては国家賠償法1条又は2条が候補となります。

この点，国家賠償法2条の「公の営造物の設置又は管理」は，1条の「公権力の行使」にあたらないと解されているため，まずは2条から検討することになります。

2 国家賠償法2条1項の要件

1　国家賠償法2条1項の要件は，ⅰ「道路，河川その他の公の営造物」のⅱ「設置又は管理に瑕疵」がⅲ「あったため」に他人に（因果関係）ⅳ「損害」を生じたことです。

2(1)　「道路，河川その他の公の営造物」

まず，本件道路は，国によって管理されている国道であって，国家賠償法2条1項の「道路」にあたります（ⅰ充足）。

(2)　「設置又は管理に瑕疵」

ア　「瑕疵」があるとは，営造物が通常有すべき安全性を欠き，他人に危害を及ぼす危険性のある状態を指します。この設置又は管理の瑕疵は広く解されており，たとえば，本問であれば道路に瑕疵があったかが問題となっていますが，この瑕疵は，道路に亀裂が入っているような場合に限らないと考えられています。そのため，「瑕疵」があるか否かは，営造物の構造，用法，場所的環境，利用状況等諸般の事情を考慮して決せられます。

そして，瑕疵の有無については，上記客観的な事情だけではなく，危険性，予見可能性，回避可能性も考慮することが認められています。

イ　本件では，確かに本件道路自体に亀裂等があるわけではなく，「瑕疵」はないとも思えます。

(ア)　もっとも，本件道路では，道路中央付近にAの自動車が87時間にわたって放置され，道路の安全性が著しく損なわれており，事故が発生する危険性があったといえます。

また，本件道路がB県内で2番目に交通量が多い道路であったことからすれば，Aの車に追突するなどの事故が発生することが，道路管理者にとって容易に予測できますし，そのような事故は道路管理者が常時巡視を行い，故障車を速やかに撤去することによって容易に回避できます。

(イ)　そして，道路管理者は，道路を常時良好な状態に保つように努めなければならないにもかかわらず，本件道路を管理する出張所には，パトロール車の配置がなく，出張所の職員が物件放置の有無等を含めて随時巡視するだけで，常時巡視を行っていませんでした。

このことからすれば，出張所の監視体制に不備があったのは明らかであるため，本件道路は，その管理に通常有すべき完全性を欠いており，他人に危害を及ぼす危険性があったといえます。

ウ　したがって，本件道路には，その管理に「瑕疵」が認められます（ⅱ充足）。

エ　2条の「瑕疵」については，何が「瑕疵」にあたるかを特定することが大切になります。本問では本件道路上に自動車を長時間放置されたままであったことが問題であることを，しっかり指摘しましょう。

(3)　因果関係及び損害

Xの死亡という「損害」と道路の瑕疵との間に，因果関係が認められるのは明らかです（ⅲⅳ充足）。

3　結論

以上より，国家賠償法2条1項の要件を充足しますので，Xの請求は認められます。

■ **答案構成**

1　本件道路は，「道路」に当たる

2　「瑕疵」は認められるか

「瑕疵」があるとは，営造物が通常有すべき安全性を欠き，他人に危害を及ぼす危険性のある状態を指す

あてはめ
↓
3　Xの請求は認められる

1　Xは，国に対し，国家賠償法2条1項に基づく損害賠償請　←まず請求権を明示
求をすることが考えられる。
　まず，本件道路は，国によって管理されている国道であっ　←「道路」については，争い
て，「道路」である。　　　　　　　　　　　　　　　　　　　　がないので端的に書いた
2(1)　では，「瑕疵」は認められるのか。
　　ここで，「瑕疵」があるとは，営造物が通常有すべき安
全性を欠き，他人に危害を及ぼす危険性のある状態を指す。
これは，営造物の構造，用法，場所的環境，利用状況等諸　←瑕疵の判断基準
般の事情を考慮して決せられる。
　　そして，危険性，予見可能性，回避可能性を基準として，
管理に「瑕疵」があったか否かを基準に判断する。
(2)　本件では，確かに本件道路自体に亀裂等があるわけでは
なく，「瑕疵」はないとも思える。
　　もっとも，本件道路では，道路中央付近にAの自動車が　←道路自体には瑕疵がない
87時間にわたって放置され，道路の安全性が著しく損なわ
れており，事故が発生する危険性があったといえる。
　　また，本件道路がB県内で2番目に交通量が多い道路で　←予測可能性，回避可能性
あったことからすれば，Aの車に追突するなどの事故が発
生することが，道路管理者にとって容易に予測できるし，
そのような事故は道路管理者が常時巡視を行い，故障車を
速やかに撤去することによって容易に回避できる。
　　そして，道路管理者は，道路を常時良好な状態に保つよ

うに努めなければならないにもかかわらず，本件道路を管
理する出張所には，パトロール車の配置がなく，出張所の
職員が物件放置の有無等を含めて随時巡視するだけで，常
時巡視を行っていなかった。このことからすれば，出張所
の監視体制に不備があったのは明らかである。そうだとす
れば，本件道路は，その管理に通常有すべき完全性を欠い
ており，他人に危害を及ぼす危険性があったといわざるを
得ない。
　　したがって，本件道路には，その管理に「瑕疵」が認め
られる。
(3)　そして，Xの死亡という「損害」と道路の瑕疵との間に，
因果関係が認められるのは明らかである。
3　以上より，Xの請求は認められる。
　　　　　　　　　　　　　　　　　　　　　　　以　　上

　　　Aは、B県内でも2番目に交通量の多い道路である国道（以下「本件道路」という。）を自動車で走行中に、物損事故を起こした（以下「本件事故」という。）。本件事故により、Aの自動車は、車輪やハンドルが故障し、走行することができなくなったため、本件道路の中央付近に駐車させたまま、放置された。本件事故の約87時間後に本件道路を走行していたXは、本件道路上に放置されたAの自動車に衝突し、頭蓋骨骨折により即死した。

　　　なお、本件道路を管理する出張所には、パトロール車の配置がなく、出張所の職員が物件放置の有無等を含めて随時巡視するだけで、常時巡視はしておらず、同職員は、本件事故発生後、XがAの自動車に衝突するまで、本件事故が発生した事実に気付かず、故障した自動車が本件道路上に長時間放置されたままであった。

　　　以上の事案において、Xは、国に対して、国家賠償請求を求めることができるかについて、論じなさい。

国賠法2-1による請求

「道路」→ ○

「管理に瑕疵」
→ 通常有すべき安全性を欠く状態（安全）

「損害」→ ○

「因果関係」→ 瑕疵に依存

→ 通常想定される危険に対して
　通常有すべき安全性を欠いているかどうか。

　→ 本件道路は、交通量夫多く、放置車は
　　当然に想定され、そこに後続車が突っ込む
　　ことも通常想定される。
　　　　↓
　　これに対し通常有すべき安全性とは？
　→

1　Xの遺族は、国家賠償法2条1項に基づき、損害賠償請求をすることができるかを検討する。要件は、①「道路…その他の公の営造物」であること、②①の設置又は管理に瑕疵があること、③損害の発生及びその損害額、④②と③の間に因果関係があること、である。
　③については、Xの逸失利益等を当然に認められることができるし、①については、道路であることは明らかであるため、②と③について検討する。
2　まず、②について検討する。
(1)　「瑕疵」とは、営造物が通常想定される危険に対して、通常有すべき安全性を欠いている状態を指す。通常想定される危険が何かについては、営造物の性質、使用方法、現況等により個別的に判断する。
(2)　本件道路は、B県内で2番目に交通量の多い道路である。道路は、その性質上、放置車両が多く、交通量が多くなると、放置車両の数も比例して増加することが当然想定される。そして、前方不注視や道路の状況によっては、放置車両に追突して、死傷者が出ることも当然に想定される。

したがって、放置車両に自動車等が追突して、死傷者が出るという危険性が本件道路には、通常認められる。
(3)　では、上記危険性に対して、通常有すべき安全性とは何かを検討する。この際に、予算の有無を考慮することはできないが、コストと利益の均衡を考慮することはできる。
　上記追突のリスクを回避するためには、本件道路をパトロールし、放置車両を撤去したり、赤色灯で囲うことで運転手に注意喚起を促したりすることが考えられる。上述の通り、これらを行う予算の有無は考慮しない。但し、利益と比して、過大な予算を要する場合には、上記方策は、通常有すべき安全性とは言えない。
　放置車両は、日常茶飯事であり、これらによるリスクを回避することで得られる利益は、生命・身体という極めて重要な利益である。一方、パトロールに要するコストは、数人の人件費と車両代等である。よって、過大な予算とも言えない。
　したがって、パトロールをして、放置車両の撤去等を行うという体制を構築・運用することが通常有すべき安全性と評価するべきである。

本件道路の交通量が多く、放置車両が日常茶飯事であることからすると、毎日ないし2日に1度程度のパトロールがその内容をなすと解釈される。

(4) 本件道路を管理する出張所には、パトロール車の配置がなく、出張所の職員が物件放置の有無等を含めて随時巡視するだけで常時巡視はしていなかった。

したがって、(3)で検討した体制を構築・運用しておらず、道路の管理に「瑕疵」が認められる。

よって、②を充足する。

3 ~~次に③について検討する。~~
次に④について検討する。

本件事故後、約87時間後にXは、Aの放置車両に追突しているが、本件道路を出張所の職員が毎日ないし2日に1度程度、パトロール~~を実施~~していれば、必要な措置をとることができ、Xの追突を回避することができたといえる。

よって、④を充足する。

4 以上より、Xの遺族は、国に対して、国家賠償請求をすることができる。

以上

判例索引

アガルートアカデミーは，
2015年1月に開校した
オンラインによる講義の配信を中心とする
資格予備校です。

「アガルート（AGAROOT）」には，
資格の取得を目指す受験生の
キャリア，実力，モチベーションが
あがる道（ルート）になり，
出発点・原点（ROOT）になる，
という思いが込められています。

上田 亮祐さん

平成29年度司法試験総合34位合格
神戸大学・神戸大学法科大学院出身

── 法曹を目指したきっかけを教えてください。

　私は，小学生の頃にテレビに出ていた弁護士に憧れを抱いて，弁護士を目指すようになりました。

── 勉強の方針とどのように勉強を進めていましたか？

　演習を中心に進めていました。

　アガルートアカデミーの講座の受講を始めたのはロースクール入学年の2015年4月からなのですが，それまでは別の予備校の入門講座，論文講座を受講していました。しかし，そこでは「まだ答案の書き方が分からないから，とりあえず講座の動画を消化しよう。消化していけば答案の書き方が分かるようになるはずだ」と考え，講義動画を見たり，入門テキスト，判例百選を読むだけで，自分でほとんど答案を書かず実力をつけられないままロースクール入試を迎えました。

　なんとか神戸大学法科大学院に入学し，自分の実力が最底辺のものでこのままでは2年後の司法試験合格どころかロー卒業すらも危ういと分かると，司法試験の勉強として何をすれば良いのかを必死で考えるようになりました。そして，「司法試験は，試験の本番に良い答案を書けることができれば合格する試験である」という当たり前の命題から，「少しでも良い答案を書けるように，答案を書く練習をメインに勉強しよう」と考えるようになりました。

　そこで，総合講義300を受講し直しつつ，重要問題習得講座のテキストを用いて，論文答案を書く練習を勉強のメインに据えていました。また，なるべく手を広げないように，同じ教材を繰り返すことを心がけていました。

── 受講された講座と，その講座の良さ，使い方を教えてください。

【総合講義300】

　総合講義300の良さは，講義内でテキストを3周するシステムだと思います。

　以前受講した別の予備校の入門講座は，民法だけで100時間以上の講義時間があ

る上，テキストを１周して終わるため，講義を受け終わると最初の方にやったことをほとんど覚えていないということが普通でした。しかし，アガルートの総合講義は，講義内でテキストを３周するため，それまでにやったことを忘れにくい構造になっていると感じました。テキストも薄く持ち運びに便利で，受験生のことをしっかり考えてくれていると思いました。

【論証集の「使い方」】

短い時間で各科目の復習，論点の書き方の簡単な確認ができるのがとても優れています。講義音声をダウンロードして，iPodで繰り返し再生していました。

【論文答案の「書き方」】

答案の書き方が分からない状態というのは，「今は書けないから，問題演習しないでおこう，答案を書かないでおこう」と考えがちなのですが，そんな初学者状態の受験生に，強制的に答案を書く契機を与えてくれるので，そういう点でこの講座は有益だったと思います。他のテキストではあまり見ない「答案構成例」が見られるのも初学者の自分には助かりました。また，重要問題習得講座のテキストを用いた演習方法は，この講座で工藤先生がやっていたことをそのままやろうと考えて思いついたのであり，この講座がなければ勉強の方向性が大きく変わっていたのではないかと思います。

【重要問題習得講座】

テキストが特に優れています。予備校の講座内で使用されているテキストは，口頭・講義内での説明を前提としているため，解説が書かれていなかったり不十分なことが多いのですが，重要問題習得講座のテキストは十分な解説が掲載されていますし，論証集，総合講義の参照頁も記載されていますから，自学自習でも十分にテキストを利用することができます。

【旧司法試験論文過去問解析講座（上三法）】

テキストに掲載されている解説が詳細であるのみならず，予備試験合格者が60分で六法以外何も見ずに書いた答案が掲載されており，予備試験合格者のリアルなレベルを知ることができたのはとても有益でした。完全解を目指すためには模範答案を，とりあえず自分がどの程度のレベルに到達しているのかを測るためには予備試験合格者の答案を見れば良かったので，全司法試験・予備試験受験生に薦めたい講座の１つです。

―― 学習時間はどのように確保していましたか？

学習時間はローの講義のない空きコマで問題を解くようにしていました。また，集中できないときはスマホの電源を切ってカバンの中にしまったり，そもそもスマホを持って大学に行かないようにすることで，「勉強以外にやることがない」状況を意図的に作り出すようにしていました。

—— 振り返ってみて合格の決め手は？　合格にアガルートの講座はどのくらい影響しましたか？

　演習中心で勉強し，細かい知識に拘泥することなく，「受かればなんでも良い」という精神で合格に必要な最短コースを選ぶことができたのが合格の最大の決め手になったのだと思います。重要問題習得講座は，そのような演習中心の勉強をするに当たりかなり有益でした。また，論証集の「使い方」についても，その内容面はもちろん，勉強方法について講座内でも，工藤先生は再三「受かればなんでもいい」「みなさんの目的は法学を理解することではなく，受かること」と仰っており，講義音声を聞き返す度にこれを耳にすることになるので，自分の目的意識を明確に保つことができたように思います。

—— 後進受験生にメッセージをお願いします。

　私自身もそうでしたが，よく思うのは，「合格者に勉強方法などについて質問をたくさんする人ほど，自分で勉強する気がない」ということです。勉強方法や合格体験談の情報をたくさん集めるだけで，なんとなく自分の合格が近づいたように錯覚してしまい，真面目に勉強しなくなるというのは私自身が経験した失敗です。受験生がやるべきことは，失敗体験を集めた上で，その失敗を自分がしないようにすることだと思います。私は講義動画を視聴するだけで自分では答案を書かなかったために，ロー入学時点で答案の書き方が全く分からない，答案が書けないという失敗を犯しました。受験生の方には，ぜひとも私と同じ失敗をしないようにしていただきたいと思います。

Profile

上田 亮祐（うえだ・りょうすけ）さん

25歳（合格時），神戸大学法科大学院出身。
平成28年予備試験合格（短答1998位，論文173位，口述162位），
司法試験総合34位（公法系199～210位，民事系70～72位，
刑事系113～125位，選択科目（知的財産法）3位，論文34位，
短答455位），受験回数：予備，本試験ともに1回ずつ。

INTERVIEW

福澤　寛人さん

平成30年度司法試験予備試験合格
令和元年度司法試験１回目合格　慶應義塾大学出身

—— 法曹を目指したきっかけを教えてください。

　法律の勉強が楽しく，法律を扱う仕事をしたいと感じたからです。弁護士の業務への興味よりも，法律学への興味が先行していました。

—— どのように勉強を進めていましたか？

　総合講義300を受講したあとに，ラウンジ指導を受け，論文を書き始めました。今思えば，総合講義300と論文答案の「書き方」・重要問題習得講座は並行して受講すべきであったと感じています。

　勉強の方針としては，手を広げすぎず，アガルートの講座を中心に勉強をしました。また，特に過去問の分析にも力を入れ，本試験というゴールを意識した勉強をするよう心掛けていました。

—— 受講された講座と，その講座の良さ，使い方を教えてください。

【総合講義300】

　総合講義300は，300時間という短時間で法律科目全体を学べる点が良かったです。講座自体はとても分かりやすいのですが，法律そのものが難解ですので，どうしても理解できない箇所がありました。しかし，工藤先生がおっしゃる通り，分からない箇所があったとしても，一旦飛ばして先に進むという方針で勉強をしました。その結果，躓くことなく，また，ストレスを感じることなく，勉強を進めることができました。

【論文答案の「書き方」】

　この講座は，論文の書き方の基礎をさらっと学べる点が良かったです。この講座は，受講をした後に，練習問題を実際に書き，先生に添削していただくという使い方をしました。

【重要問題習得講座】

　この講座は，全ての問題を解くことで，重要な論点の論文問題をこなせる点が

良かったです。この講座は，答案構成をした後に解説講義を聴き，自分の答案構成と参考答案を見比べ，自分に何が足りていないかを分析するという使い方をしました。

【論証集の「使い方」】

　この講座は，繰り返し聴くことで，自然と論証が頭に入ってくる点が良かったです。この講座は，iPhoneに音声を入れ，1.5倍速ほどのスピードで繰り返し聴くという使い方をしました。

【予備試験過去問解析講座】

　この講座は，難解な予備試験の過去問について，丁寧に解説がなされている点が良かったです。この講座は，予備試験の論文の過去問を実際に解いた後に，講義を聴くという使い方をしました。

―― 学習時間はどのように確保していましたか？

　隙間時間を有効に活用することで，最低限の学習時間を確保するよう意識していました。勉強に飽きたときには，あえて勉強をせず，ストレスをためないように意識をしていました。

―― 直前期はどう過ごしていましたか？

　直前期は，自分でまとめた自分の弱点ノートを見直していました。自分には，問題文を読み飛ばす・事情を拾い落とすなどの弱点があったため，本番でその失敗をしないよう，何度もノートを見ることで注意を喚起しました。また，何とかなるでしょうという気軽な心構えで試験を迎えました。

―― 試験期間中の過ごし方は？

　普段と違うことはせず，普段と同じ行動をするように心掛けました。また，辛い物や冷たい物など，体調を崩す可能性のある物は食べないよう気をつけました。

―― 受験した時の手ごたえと合格した時の気持ちを教えてください。

　短答式試験は落ちたと感じましたが，実際には合格できていたので，スタートラインに立てたという安心感がありました。

　論文式試験は初受験だったため，よくできたのかできなかったのかも分かりませんでした。そのため，論文合格を知った時は嬉しい気持ちと驚きの気持ちが半々でした。

　口述式試験は，完璧にはほど遠い手ごたえでしたが，合格しているとは感じていました。実際に合格していると知ったときには安堵しました。

―― 振り返ってみて合格の決め手は？　合格にアガルートの講座はどのくらい影響し

ましたか？

　合格の決め手は，アガルートを信じて手を広げ過ぎなかったことであると感じています。アガルートの講座のみを繰り返すことによって盤石な基礎固めをすることができたと思います。そのため，上記の講座は，今回の合格に大きく影響していると考えます。

── アガルートアカデミーを一言で表すと？

　「合格塾」です。

── 後進受験生にメッセージをお願いします。

　予備試験は出題範囲が広く，受験は長期間の闘いになると思います。ですので，無理をし過ぎず，ストレスをためない勉強方法を模索することが大事だと思います。

　また，私は，模範答案とは程遠い答案しか書けずにいました。しかし，それでも結果的に合格できていることから，合格するためには模範答案ほどの答案を書ける必要はないと分かりました。そのため，完璧な答案を書けなくとも，気にすることなく勉強を進めていただければと思います。

　同じ法曹を目指す仲間として，これからも勉強を頑張りましょう。

Profile

福澤 寛人 (ふくざわ・ひろと) さん

21歳（合格時），慶應義塾大学4年生。
在学中に受けた2回目の予備試験で合格を勝ち取る。短答1770位，論文106位。
その後，令和元年度司法試験1回目合格。

秋月 亮平 さん

京大ロースクール2年次に予備試験合格後中退。
平成30年度司法試験総合56位合格

—— 法曹を目指したきっかけを教えてください。

　文学部在籍時，専攻を変更した影響で1年留年が決まっていたところ，父に，「暇なら予備試験でも受けてみたら」と言われたのをきっかけに勉強を開始。公務員試験で勉強経験のない商法，訴訟法の勉強をしているうちに法律そのものが面白くなり，予備試験には不合格だったものの，法律を職業にしたいと思い，本格的に司法試験を目指すようになった。

—— アガルートとの出会いは？

　2年連続で予備試験不合格となり，親から予備校の利用を勧められた。そこで，私が前年より使用し始めていた市販の論証集の著者が開いているというアガルートというところにした。理由は，安いからである。

—— どのように勉強を進めていましたか？

　予備試験3回目の年は，クラスの中で予備試験を目指している友人と仲良くなり，短答合格後，論文試験に向け，励まし合いつつお互いに予備試験の過去問を書いたものを見せ合うということをやった。

　論文合格という驚天動地の出来事に目を白黒させながら口述対策を慌てて始めた。予備校で口述模試を受ける他は，法律実務基礎科目対策講座を読んで要件事実，刑事手続を詰め込んだ。また，民事訴訟の手続（執行保全含む。），刑法各論の構成要件の暗記も行った。

　司法試験へ向けては，1月半ばから，過去問を書き始めた。しかし，予備試験後からのブランクを差し引いても，本試験の問題がそう簡単に書けるわけがない。ここから，模試と本試験まで，途中答案病に呻吟することとなる。

　2月以降，他の予備校に週2回答練に通った。過去問を書いた感触からして，自分の最大のアキレス腱は途中答案であると確信していたので，問題文の読み方や答案構成のやり方はもちろん，ペンについても試行錯誤していかに時間内に書

き切るかに課題を絞った。

──受講された講座と，その講座の良さ，使い方を教えてください。

【総合講義100】
　試験に要求される必要十分条件（必要条件でも，十分条件でもない。）を満たした知識がコンパクトに盛り込まれている。薄くて（商法のテキストを見たときはのけぞった。シケタイやCbookしか見たことがなかったから。），持ち運びに便利なだけでなく，そもそも読む気が起きる。

　初めは講義とともに通しで受け，その後はアドホックに該当箇所を参照していた。公法，刑事は判例知識が乏しかったため，特定の分野の判例を何度も何度も読んで，目が開かれた（例えば行政法の原告適格の判例だけを繰り返し読んで講義を聴くうち，個々の判例の内容も頭に入るようになったし，問題を解くときに判例を地図にして判断できるようになった。）。そのため，一番役に立ったのは判例の解説だったと思う。

【論証集の「使い方」】
　徹底して判例・調査官解説・通説に準拠しており信頼性が抜群である。キーワードと規範（判例が使っている理由づけ含む。）にマークして，流し読みを繰り返す。たまにじっくり読む機会を作って，1つ1つの文の意味を本当に理解しているか，換言すればそれをくだけた言葉遣いででも他人に説明できるだろうかということを問いながら読むと，実はよくわかっていないということがわかったりする。巷で言われている通り確かに論証が長めだが，その分いつまでも発見が尽きない。講義も音楽感覚で聴いていたが，やはり論証を手元に置いて先生が言っているポイントを書き込んでしまう方が話が早い。

【重要問題習得講座】
　論点の網羅性が高く，論証の真の「使い方」はこの講座で体得した気がする。使い方としては，法律的な構成と論点抽出を正しくできるかに力点を置いて，あてはめは，最悪あまり上手くなくても気にせずクリアということにしていた。1週目の出来を○，△，×に分け（救急医療の用語でトリアージと呼んでいた。），×の問題だけ繰り返すようにしていた。あまりクリア基準を厳しくしすぎると優先順位を上手く割り振れないため，△は甘めにしていた（小さな論点落としなど）。

──学習時間はどのように確保していましたか？

　ロースクールの予習復習はあまりしていなかったので，授業時間以外は基本的に自分の勉強時間にあてることができた。もっといえば授業中も論証を読んだりしていた。また，電車での移動時間に論証や総合講義を読む（聴く），肢別本を解くなどもした。

　ロースクールに行かなくなってから直前期までは，昼に自習室に行き，過去問

や重問をメインで勉強し，夜9時すぎに帰っていた。他予備校の答練がある日は，答練後自習室に戻り，答練で出た分野の復習をすることが多かった。

── 振り返ってみて合格の決め手は？　合格にアガルートの講座はどのくらい影響しましたか？

　決め手を1つに絞るのは難しいので2つ挙げると，論証だけはしっかり覚え（る努力をし）たのと，わからない問題からはさっさと逃げたことだと思う（私は「損切り」と呼んでいた。）。

　論証集の「使い方」を繰り返し聴き，問題の所在や規範自体の意味まで学べたので，法律論はもちろんのこと，あてはめまで充実させることができた。予備試験から司法試験で共通しているのは総合講義と論証集なので，この2つが決定的に影響したと思われる。

── アガルートアカデミーを一言で表すと？

　「合法ドーピング」

── 後進受験生にメッセージをお願いします。

　司法試験に合格するのは，他ならぬ「あなた」しかいません。合格者の言うことは金科玉条では全くなく，ネットやロースクールで出回る噂は基本眉唾です。予備校もそうで，所詮あなたが使い倒すべき駒の1つにすぎません。どれを捨て，どれを活かすかもあなたが自由に決めてよいのです。どんな些細な情報にも，振り回されず，フラットに受け止めて，たくさん捨て，たくさん活かしてください。

Profile

秋月 亮平 （あきづき・りょうへい）さん

25歳（合格時），京都大学文学部卒業，京都大ロー未修コース中退。
予備試験は学部5回，ロー1年次で不合格後，2年次に合格。
平成30年度司法試験1回合格（総合56位）。

〈編著者紹介〉

アガルートアカデミー

大人気オンライン資格試験予備校。2015年1月開校。

● 司法試験，行政書士試験，社会保険労務士試験をはじめとする
法律系難関資格を中心に各種資格試験対策向けの講座を提供し
ている。受験生の絶大な支持を集める人気講師を多数擁する。
合格に必要な知識だけを盛り込んだフルカラーのオリジナルテ
キストとわかりやすく記憶に残りやすいよう計算された講義で，
受講生を最短合格へ導く。

● 近時は，「オンライン学習×個別指導」で予備試験・司法試験の
短期学習合格者を続々と輩出する。

アガルートの司法試験・予備試験
実況論文講義　行政法

2020年7月1日　初版第1刷発行
2024年6月1日　初版第2刷発行

編著者　アガルートアカデミー

発行者　アガルート・パブリッシング
〒162-0814　東京都新宿区新小川町5-5　サンケンビル4階
e-mail：customer@agaroot.jp
ウェブサイト：https://www.agaroot.jp/

発売　サンクチュアリ出版
〒113-0023　東京都文京区向丘2-14-9
電話：03-5834-2507　FAX：03-5834-2508

印刷・製本　シナノ書籍印刷株式会社

すべては受験生の最短合格のために

AGAROOT
ACADEMY

アガルートアカデミー ｜ 検索